스물다섯,
이유를 묻다

스물다섯,
이유를 묻다

임병준 지음

당신이 사는 이유가 무엇이 되었든,

그것은 자체로 존중받아 마땅합니다.

저마다의 무게를 안고 하루를 살아내고 있을 모든

이들에게, 이 글을 바칩니다.

PROLOGUE

어렸을 적엔 내가 세상의 주인공인 줄 알았다. 그 시절의 나는 특별한 무언가를 하지 않아도 사랑받는 존재였다. 그저 음식이 맛있어서 식판을 비웠을 뿐인데 부모님은 기특하다며 머리를 쓰다듬어주었고, 일기장에 몇 줄만 끄적여도 선생님은 칭찬 도장으로 노트를 가득 채워주었다. 실수를 해도 귀엽게 봐주었고, 다음에는 잘할 수 있을 거라는 따뜻한 응원이 돌아왔다.

그렇게 작은 성취에도 사랑과 인정을 받으며 자연스레 자신이 특별하다고 믿기 시작했다. 세상의 스포트라이트가 나에게 쏟아지고 있다고 생각했고, 마치 거대한 서사의 주인공이 된 듯 미래에 대한 공상을 펼치기도 했다. 하지만 스물다섯이 된 지금, 그때 품었던 기대는 완전히 무너졌다.

나의 하루는 보잘것없다. 통신사 포인트로 할인받은 저가 커피 한 잔으로 피곤한 몸을 깨우며 하루를 시작한다. 만보기 어플로 목표 걸음 수를 채워 적립금을 받고, 조금이라도 가성비 좋은 상품을 찾으려고 여러 쇼핑몰을 뒤적인다. 장바구니는 늘 그렇듯, 유통기한이 임박한 마트 반값 코너의 물건들로 채워진다.

 그러다 문득, 어린 날의 자화상을 마주하면 지금의 일상이 유난히 초라하게 느껴진다. 그 모든 노력이 궁색한 몸부림처럼만 보여, 입안 가득 씁쓸함이 감돈다. 한때 반짝이던 꿈은 빛을 바랜 지 오래다. 어디서부터 잘못된 걸까. 그리고 언제까지 과거를 곱씹으며 후회하고, 보이지도 않는 미래를 향해 손을 뻗으며 살아야 하는 걸까.

 걸음을 잠시 멈추어 눈앞의 안개가 걷힐 때까지 숨을 고르고, 어디쯤 와 있는지 가늠해보고 싶다. 그러나 시간은 매정하게도 등을 떠밀며 결정을 재촉하고, 모든 선택의 책임을 내게 돌릴 뿐이다.

 그래서였을까. 이 순간들이 나지막이 전하는 메시지에 귀를 기울여보고 싶었다. 추억으로 포장된 과거나, 도래할지조차 모를 찬란한 미래가 아니라, 비루해 보이는 오늘을 바라보고 싶었다. 그렇게 함으로써, 지금에서 찾을 수 있는 뜻을 소중히 간직하려 한다. 수고로운 내 하루가 결코 틀리지 않았음을 증명하고자 한다. 어쩌면 그것이야말로, 우리가 외면하지 말아야 할 삶의 진짜 얼굴이자, 지켜내야 할 생의 온기일 것이니 말이다.

혹자는 말할지도 모른다. 이제 스물다섯에 불과한데, 삶에 대해 알면 얼마나 알겠냐고. 빛나는 성공의 스토리도 없고, 뼈아픈 시련을 온몸으로 견뎌낸 경험도 없으면서 감히 인생을 논할 자격이 있느냐고. 그렇게 반문할 수도 있겠다.

하지만 삶이란 반드시 극적인 순간들로만 채워지는 것은 아닐 것이다. 오히려 물 흐르듯 흘러가는 단조로운 날들, 반전도 스릴도 없이 조용히 지나가는 시간 속에 고요히 숨 쉬고 있을 것이다. 비록 몇몇 장면이 하이라이트처럼 집중적으로 조명될 수는 있겠으나, 그것만으로는 한 사람의 서사를 온전히 설명할 수는 없을 것이다.

물론 스물다섯 해는 세상을 이해하기에 턱없이 부족한 시간이다. 그렇기에 때로는 미숙한 흔적이 고스란히 드러날 것이다. 한없이 유치하거나 철없어 보이는 생각에, 훗날 부끄러움이 밀려올지도 모르겠다. 그러나 부끄러움이란 성장의 또 다른 이름이기에, 오늘의 시선으로 바라본 세상과 그 안에서 마주한 감정들을 가능한 한 여과 없이 남겨두려 한다.

덧붙여 말하자면, 이 글은 어디까지나 필자가 바라보고 느낀 세상에 대한 개인적인 소회에 지나지 않는다. 그러니 모든 인생을 관통하는 진리를 주장하려는 것도, 동세대 전체의 목소리를 대변하려는 것도 아님을 미리 밝혀두고자 한다.

책에서는 삶의 이유가 되어주는 존재와 기억, 그리고 흔적을 조명하고 있다. 그것들은 평범함 속에서 피어나는 기적이자, 뜻밖의 우연이 선사하는 선물이다. 순간들이 이어져 만들어내는 생의 결이자, 마음의 길을 밝혀주는 촛불이다.

 그렇게 발견한 작은 빛들이 모이면, 우리는 비로소 깨닫게 될지도 모른다. 삶은 불확실하기에 더욱 신비롭고, 불안하기에 더 절실해진다는 것을. 그 끝에 무엇이 기다리고 있을지 알 수 없기에, 우리는 오늘도 설레고 기대할 수 있다는 것을 말이다.

 흩어진 인생의 조각들을 담아낸 이 글이 잠시 머물러 숨을 고를 수 있는 쉼표가 되기를 바란다. 아득한 삶의 길 앞에 우두커니 선 모든 이들에게 조용한 위로가 되어 주기를 소망한다. 그리고 무엇보다, 당신이 서 있는 그 자리에서 오롯이 빛날 수 있길 희망한다.

차례   PROLOGUE   006

CHAPTER 1
인생:
함께 완주하는 여정

두발자전거	014
흑백 세상	018
술 한잔	022
담배 한 모금	027
함께 완주하는 길	031
배고픔	035
탈피	039
생활 공간 투쟁	043
경쟁의 피라미드, 그 옆을 본다면	048
각자의 무게를 안고서	052
아마추어	056
내려놓는 용기	061
불공정 레이스의 진실	065
약한 연결의 힘	070
해학의 민족	075

CHAPTER 2

존재와 흔적:
남겨진 것들의 이야기

이름 없는 유산	*082*
추억의 조각	*086*
모든 순간은 나였다	*090*
어른이 된다는 게	*094*
아이처럼	*098*
한 그루의 관목이 될지언정	*102*
절대다수의 이야기	*106*
그날의 약속	*110*
남기고자 하는 마음	*114*
죽음의 날	*119*
지금, 자신의 시간	*123*
무위(無爲)	*128*
어쩌면 정말 사랑했던 건	*133*

차례

CHAPTER 3
삶의 이정표:
찰나와 영원의 경계에서

운명과 숙명	*140*
찰나의 결정	*145*
지나버리기 전에	*150*
하나의 결과, 무수한 가능성의 교차점	*154*
세상에 내던져진 존재	*159*
마침표 뒤의 문장들	*164*
무명(無名)의 메시지	*168*
한 줌의 흙이 되는 일	*172*
내일을 위한 오늘	*177*
특별하다는 착각	*181*
꺼지지 않는 불씨	*185*
꿈의 거리, 이상과 현실의 차이	*190*
죽음의 빛	*194*

CHAPTER *1*

인생:
함께 완주하는 여정

두발자전거

긴 여름이 지나가고 공기가 선선해지니 한동안 조용했던 공원에 활기가 돌기 시작한다. 가벼운 운동복 차림으로 산책을 즐기는 노부부, 시원한 바람을 만끽하며 자전거 페달을 밟는 아이들이 눈에 들어온다. 그런 풍경을 보고 있자니, 오래전 기억 하나가 떠오른다. 어린 시절, 두발자전거에 처음 올라탄 그날의 풍경이.

약 20년 전, 네발자전거는 아이에게 동네 골목을 자유롭게 누비게 도와준 날개와도 같았다. 보조 바퀴가 든든하게 지탱해 준 덕분에 넘어질 걱정 없이 속도를 올릴 수 있었고, 내리막길에선 공

스물다섯,
이유를 묻다

기를 가르며 짜릿함을 느낄 수 있었다. 그 시절의 자전거는 단연코 그 나이대에 즐길 수 있는 최고의 익스트림 스포츠였다.

그러던 어느 날, 평소처럼 신나게 자전거를 타던 중 앞바퀴가 작은 돌부리에 걸렸다. 급히 브레이크를 잡았지만, 몸은 이미 중심을 잃고 휘청이기 시작했다. 결국엔 무릎을 바닥에 찍으며 넘어지고 말았다.

넘어진 자리에서 천천히 몸을 일으키자, 무릎이 따갑게 욱신거렸다. 시선을 내려다보니 까진 살갗 위로 붉은 피가 배어 나왔고, 자잘한 모래알들이 엉겨 붙어 있었다. 손끝으로 조심스레 닦아내려 했지만, 살을 파고든 모래가 까슬까슬하게 걸려 따끔거릴 뿐이었다. 그런데 정작 아이에게 중요한 건 피투성이가 된 다리가 아니었다.

자전거는 한쪽 보조 바퀴가 덜렁거리더니, 끝내 툭 하고 떨어져 나갔다. 임시방편으로 끼우려 했지만, 이미 너덜너덜해져 다시 붙이기엔 무리였다. 손으로 붙잡고 어떻게든 고쳐 보려 해도, 삐걱이며 헛돌 뿐이었다. 집에 돌아온 아이는 부모님께 새 보조 바퀴를 달아달라며 어리광을 부렸다. 하지만 부모님은 오히려 이참에 두발자전거를 배워보는 게 어떠냐는 제안을 건네셨다. 미심쩍었지만, 도와주시겠다는 말씀에 마지못해 두발자전거에 올라섰다.

처음에는 중심을 잡는 것조차 어려워, 이리저리 흔들리다 넘어지기 일쑤였다. 무릎의 상처가 채 아물기도 전에 다시 터졌고, 어느새 옷은 흙먼지로 뒤덮여 있었다. 실패가 거듭될수록 자신감은 점점 사그라들었고, 앞으로 나아갈 용기도 서서히 흐려졌다. 보다 못한 아버지는 뒤에서 자전거를 잡아주셨다. 그제야 아이는 자신의 뒤를 누군가 받쳐주고 있다는 안도감 속에서, 천천히 나아갈 수 있었다.

하지만 아이는 여전히 아버지 없이는 한 발짝도 움직이지 못할 것 같은 불안감을 떨칠 수 없었다. 그래서 타기를 시도할 때마다 꼭 뒤를 잡아달라고 부탁했고, 아버지는 그러겠다고 안심시켜주셨다. 아이는 그 말을 믿으며 다시 앞으로 향하기 시작했다.

그런데 어느 정도 속도가 붙었을 즈음, 뒤를 돌아보니 그는 이미 손을 놓은 채 멀찍이서 걸어오고 있었다. 순간 당황하여 중심을 잃고 휘청였지만, "할 수 있어"라는 응원에 힘입어 눈을 질끈 감고 페달을 밟았다. 그리고 마침내, 아이는 혼자 힘으로 두발자전거를 탈 수 있게 되었다. 실제론 도움의 손길이 없었지만, 여전히 뒤에 계실 것이라는 믿음만으로 나아간 것이다. 그날의 경험은 단순히 자전거 타는 법을 넘어, 자신이 누군가의 지지 속에서 얼마나 큰 힘을 낼 수 있는 존재인지를 깨닫게 해주었다.

우리는 삶의 여러 순간마다 예상치 못한 난관과 마주한다. 그럴 때면 넘어질 것 같은 불안에 휩싸이기도 하고, 막막함에 주저하기

스물다섯,
이유를 묻다

도 한다. 그러나 우리가 미처 알아채지 못하는 순간에도, 누군가는 묵묵히 바라보고 있다. 비록 그 눈길이 느껴지지 않을지라도, 따스한 시선이 우리를 향해 있다. 그 사실을 기억한다면 언제든 다시 일어설 힘을 만들어낼 수 있을 것이다.

우리는 모두 삶이라는 길 위에서 두발자전거를 타는 아이들과 같다. 그러니 흔들려 불안하고, 멈추고 싶을 때가 있다면, 멀찍이 지켜봐 주는 그 시선을 떠올려보는 건 어떨까. 그리고 눈길에 담긴 마음을 상상해보는 건 어떨까. 어쩌면 역경을 극복해 낼 진짜 힘은, 바로 그런 믿음에서 시작되는 것인지도 모르니 말이다.

그 믿음을 품고, 오늘도 흔들리는 두발자전거의 페달을 힘껏 밟아 나아가길 바란다.

흑백 세상

어릴 적엔 어른들이 마치 흑백 필름 속을 살아가는 것처럼 보였다. 아침 출근길에 보이는 생기 없는 얼굴, 어디를 응시하는지 모를 초점 없는 눈동자. 서로 만나면 늘상 돈이나 주식 이야기를 하느라 바쁘고, 맛없는 술을 마시며 건강에 해로운 담배를 피우는 모습들. 그 모든 장면이 마치 색이 바랜 잿빛처럼 느껴졌다. 만약 저런 게 어른의 삶이라면, 나는 결코 어른이 되고 싶지 않다고 생각했다. 그들처럼 살지 않고 하루하루를 다채롭게 채우겠노라 다짐했다.

스물다섯,
이유를 묻다

한편으로는 궁금하기도 했다. 대체 뭐가 그리 고민이기에 그토록 힘겨워하는 걸까. 땅이 꺼지도록 내쉬는 한숨의 까닭은 무엇일까. 삶의 무게는 또 얼마나 무거우면 어깨가 짓눌려 거북목이 되어버린 걸까. 그런데 시간이 흐르자, 이해되지 않았던 어른들의 행동을 자연스레 모방하고 있는 자신을 발견할 수 있었다.

커피를 마셔야 비로소 정신이 들고, 아무리 스트레칭을 해도 몸은 찌뿌둥하기만 하다. 일과를 마친 후엔 소파에서 넋을 놓고 앉아 있다 배달 음식을 시켜 먹고, 설거지도 하지 않은 채 그대로 잠들어버린다. 노력의 가치는 통장에 찍히는 숫자로 판단되고, 그 숫자를 모으기 위해 하루를 버티는 일이 반복된다. 복사해 붙여넣은 듯 되풀이되는 삶 속에서 어렴풋이 깨닫는다. 어른들도 그렇게 살고 싶었던 건 아니라는 것을.

그들의 삶은 결코 쉽지 않았다. 현실의 벼랑 끝에 내몰려 선택을 강요받아야 했으며, 가진 것을 지키기 위해 끊임없이 무언가를 포기해야만 했다. 감정보다 생계를, 이상보다 현실을 먼저 떠올려야 했고, 그 과정에서 자신의 색을 하나둘 지워야만 했다. 그래서였을까, 그들의 삶이 그렇게 바래 보였던 것은. 이는 동정과 연민을 자아내는 동시에, 어느덧 나 역시 색을 잃어버린 것은 아닐까 하는 물음을 품게 한다.

사실 우리가 살아가는 세상은 여전히 형형색색으로 가득할지도 모른다. 새로움과 가능성, 변화와 혁신, 희망을 노래하던 그때의 자취를 그대로 간직하고 있을지도 모르겠다. 그런데 어느샌가 우리는 그 다채로움을 애써 외면한 채, 흑백의 렌즈를 끼우고 세상을 바라보기 시작했다.

아마도 그것은 자신을 지키기 위해 만들어낸 보호막이었을 것이다. 꿈꾸지 않으면 좌절하지 않고, 기대하지 않으면 실망할 일이 없으며, 믿지 않으면 상처받지 않기에 씌운 필터인 셈이다.

그런데 한 번 눈에 맞춰진 렌즈는 좀처럼 빠질 기미가 보이지 않는다. 이따금 설렘과 기대를 품어보려 해도, 흑백의 시선이 어느새 그 감정을 덮어버린다. 그렇게 세상을 동심의 눈으로 바라보려는 작은 시도마저, 철없는 환상으로 치부되며 일말의 희망조차 스러져간다.

하지만 세상의 모든 아름다움을 다시 그려낼 수는 없을지언정, 일상의 작은 틈 사이에서 희미한 빛 하나쯤은 발견할 수 있을지도 모른다. 비록 그 빛의 색이 흐릿하다 한들, 닫힌 마음을 두드리기엔 충분한 선명도를 지니고 있을 것이기 때문이다.

이를테면 하루의 일과를 마치고 돌아가는 길 스마트폰을 주머니에 넣고 고개를 들면, 해 질 녘 붉게 물든 하늘에서 저녁의 색을 마주하게 된다. 서재 구석 먼지가 내려앉은 오래된 책을 펼치면, 밑줄 쳐 둔 문장 속에서 언젠가 품었던 꿈의 색이 다시 피어난다.

스물다섯,
이유를 묻다

가사를 절반 정도 잊어버린, 한때 즐겨 듣던 음악을 재생하면 그 시절 행복했던 기억의 색채가 흘러나온다. 바쁘다는 핑계로 연락을 미룬 가족에게 전화를 건다면 사랑의 색이 들려온다.

이렇듯 잃어버렸다고 생각했던 세상의 색들은 사실 언제나 우리의 곁에 머무르고 있다. 조금만 숨을 고르고 유심히 바라본다면, 언제고 색채를 가져다줄 준비를 하고 있다. 그렇게 흑백의 렌즈 너머 숨어 있던 풍경은 관심과 사랑을 통해 다시 선명해진다.

삶의 색채를 하나씩 되찾아 조금씩 일상에 채워 넣는다면, 다시 세상의 다채로움을 느낄 수 있을 것이다. 물론 세월을 거쳐오며 쌓인 삶의 무게는 여전히 어깨를 짓누르고 있다. 그 시절의 순수함을 온전히 되찾기엔, 조금은 멀리 와버리기도 했다.

그러나 그런 와중에도 일상의 가장자리에 숨어 있던 잔잔한 빛과 미세한 결들을 바라봐야 한다. 그것은 우리가 다시 사랑해야 할 동기이며, 꿈꾸어야 할 까닭이기도 하기 때문이다. 그러니 오늘도, 무채색으로 덧칠된 하루를 지나며 흑백의 균열 사이로 번져 오는 색을 놓치지 않길 바란다.

우리의 삶은 여전히 아름다운 색을 머금고 있다.

술 한잔

요즘은 많은 인원 보단 두세 명 정도 모여 도란도란 이야기를 나누는 자리에 더 끌린다. 이런 약속은 대게 메신저로 안부를 주고받다가 자연스럽게 성사되며, 장소는 으레 술집으로 정해진다. 아마도 그건, 오랜만의 어색함을 술기운에 기대어 부드럽게 녹여내고 싶은 속셈이었을 것이다.

마주한 얼굴엔 반가움이 먼저 떠오르지만, 그 뒤엔 어딘가 낯선 기운도 살짝 감돈다. 쭈뼛쭈뼛 가게에 들어와 자리를 잡고 나면, 오랜만이라며 어색하게 웃고, 못 알아보겠다는 농담을 건네기도

스물다섯,
이유를 묻다

한다. 오는 길은 괜찮았는지, 요즘 날씨는 왜 이렇게 오락가락하는지 같은 말들로 정적을 메워본다.

테이블이 세팅되고 주문한 술과 기본 안주가 나오면 자연스레 잔을 채운다. 첫 잔을 부딪치고 입에 가져가는 순간, 자신도 모르게 고개를 돌려 마신다. 괜스레 소주의 맛이 쓰네 다네 하면 품평을 주고받는 사이, 긴장이 조금씩 풀려간다. 그러던 중, 고민이 있다는 친구의 화두가 던져진다. 그제야 비로소 본격적인 이야기의 장이 펼쳐진다.

사람 간의 관계, 불확실한 미래, 금전적인 문제 등 고민의 종류는 저마다 다양하다. 알딸딸한 술기운에 상대방의 이야기를 놓쳐도, 그저 고개를 끄덕이며 공감의 마음을 전달한다. 때로는 의견이 엇갈려 들이받고, 언성을 높이며 열띤 토론이 오가기도 한다. 그렇게 사적인 고민으로 출발했던 대화는 점차 거시적이고 보편적인 삶에 대한 질문으로 번져간다.

술잔이 몇 차례 더 비워지고 나면 이야기의 열기도 한풀 꺾인다. 누군가는 고개를 살짝 떨군 채 손가락으로 테이블 위 물방울을 무심히 굴리고, 또 다른 누군가는 상념에 잠긴 듯 멍하니 잔을 바라보고 있다. 비록 모든 이야기를 끝맺은 것은 아니지만, 오늘은 이만하면 충분하다는 생각이 든다. 그렇게 내일을 기약하며, 자리를 정리한다.

다음 날 아침, 깨질 듯한 두통과 함께 정신없이 하루를 시작하다 보면 전날 밤 그토록 열띤 논의를 한 것이 다 무슨 소용이었을까 싶어진다. 우주 만물의 원리와 삶의 이치를 설파했지만, 그 기억은 알코올과 함께 날아가고, 남은 건 갈증과 숙취뿐이다. 그렇다면 다음 날의 피로를 감수하면서 잔을 기울이고, 정작 기억나지도 않을 이야기를 그토록 열심히 나누었던 이유는 무엇이었을지 생각해보게 된다.

어쩌면 그것은, 술 한 잔을 사이에 두고 진심을 꺼내 보이고 싶었던 마음이었는지도 모른다. 표정을 감춰둔 가면을 잠시 내려놓고, 숨겨진 자신을 내보이며 서로에게 조금 더 다가가고자 하는 용기였을 수도 있다. 그래서였을 것이다. 서로 무슨 말을 하는지 정확히 들리지 않아도, 그저 고개를 끄덕이는 것만으로 충분한 위로가 되었던 것은. 그 순간에 정말 필요했던 것은 정확한 문장이나 논리적인 설명이 아니었다. 오히려 어긋나고 서툰 말들마저 기꺼이 품어줄 수 있는, 그런 따스함이었다.

그렇다면 어른들은 왜 술기운을 빌려서야 비로소 솔직해질 수 있는 걸까. 단정 지을 순 없지만, 감정에 따르는 대가를 알게 되었기 때문일지도 모른다. 말 한마디가 관계를 송두리째 흔들 수 있다는 것. 진심이 때로는 약점으로 돌아와 상처가 된다는 것. 그런 사실을 경험한 이후부터, 속마음을 꺼내는 일이 점점 머뭇거

스물다섯,
이유를 묻다

려진 것이다.

우리는 그렇게 스스로를 감추는 법을 익혀간다. 감정을 억누르고, 표정을 다듬으며, 말을 삼켜내려 한다. 속이 끓어오르더라도 겉으로는 태연한 척 미소를 지어내며, 하고 싶은 이야기가 턱 밑까지 차올라도 차마 꺼내지 못한 채 되씹고 만다.

그러나 인간의 내면 깊은 곳에는, 누군가에게 온전히 이해받고자 하는 갈망이 자리하고 있다. 진짜 나를 그대로 내보일 수 있는 순간을 소망한다. 특히 하루가 유달리 고단하게 느껴지는 날엔, 그동안 눌린 것들이 한꺼번에 터져버릴 것만 같아 지금 당장이라도 쏟아내고 싶어진다.

그리고 술자리는, 그 틈을 허락해준다. 그래서 무심코 흘리듯 말을 꺼내며, 마음의 조각들을 살포시 내려놓는다. 조각들은 일상의 언어처럼 말끔하게 정제되어 있지 않다. 대게는 혀끝이 꼬여, 반쯤은 엉킨 채로 뱉어내는 어눌한 파편들이다. 하지만 정제되지 않았기에 더욱 진솔하다. 뭉툭하고 무디기에 날카로운 말처럼 가슴을 후벼파지 않고, 마음을 스쳐 간다.

하지만 한편으로는, 꼭 술을 매개로 해야만 마음을 드러낼 수 있는 걸까 하는 생각도 든다. 엉겨붙은 감정을 풀지 않은 채 그대로 내뱉으면, 그것이 오히려 오해를 불러오고, 때론 더 깊은 불화로 이어지기도 하기 때문이다. 그러니 조금은 부끄럽더라도, 그 마음을 맑은 정신에서 표현해 보는 것은 어떨까. 술 없이도 진솔한 감정을 나누는 일이야 말로, 어쩌면 진정한 용기이자 사랑일지도 모른다.

물론 술 한잔의 힘이 때로는 필요하고, 가끔은 소중하다. 그러나 우리가 진정 바라는 건 술기운에 실려 잠시 드러났던 감정이 아니라, 술 없이도 꺼낼 수 있는 진심이었을 것이다. 만약 그 자리에서만 드러낼 수 있는 진심이라면, 그건 결국 허상에 가까울 뿐이다. 혈중 알코올 농도가 내려가면 뜨거웠던 감정도 함께 식고, 어제의 솔직함이 무색할 만큼 어색한 침묵이 자리할 것이다.

반면, 술 없이도 서로의 진심을 나누고 편안하게 대화할 수 있다면, 그 관계는 더욱 단단하고 오래 지속될 수 있을 것이다. 맑은 정신으로 나눈 대화와 감정은 알코올이 휘발되듯 사라지지 않는다. 그 온기는 마음 한 켠에 남아, 삶을 다시 데워준다.

당신과의 술 한잔을 떠올리며, 끝맺지 못한 이야기를 마음속으로 이어본다. 비록 기억하지 않을지라도, 그 시간이 당신의 마음을 조금이나마 덥혀주었으면 좋겠다.

그리고 다음번엔, 술 없이도 진심을 나눌 수 있기를 바란다.

스물다섯,
이유를 묻다

담배 한 모금

　당신은 늘 손에 담배를 쥐고 계셨다. 식사를 마친 뒤, 일을 하시다 잠시 쉬실 때, 혹은 아무 말 없이 생각에 잠기신 순간마다 담배를 늘 곁에 두셨다. 집 안팎을 들락거리며 담배를 피우시는 모습을 보며, 그게 그렇게나 좋은지 막연한 궁금증과 호기심이 들었지만, 연기가 섞인 탁하고 케케묵은 공기를 마시면 바로 생각이 바뀌었다. 그래도 피우고 들어오실 때마다 냄새를 지우기 위해 애쓰시는 모습이 재밌게 느껴졌다.
　가족들은 건강이 염려되어 담배를 줄이라고 누누이 이야기했지만, 당신은 그때마다 웃으며 넘기실 뿐이었다. 하지만 20년 전 생신날, 우리는 어머님의 작전대로 "이것만 피우고 그만 피워주세요"라며 마지막 한 갑을 건넸다. 그리고 그날 이후, 당신이 담배를 입에 대는 모습을 볼 수 없었다. 당시엔 그것이 얼마나 힘든 결정이었는지 알지 못했다.

시간이 흘러 어느새 과거의 그 담배는 내 손에 쥐어져 있었다. 한겨울에도 패딩을 걸치고 삼선 슬리퍼를 질질 끌며 밖으로 나와, 한 개비를 입에 물었다. "왜 굳이 돈을 내가며 몸에 해로운 짓을 하냐."는 꾸짖음에도 대답하지 못하고, 연거푸 연기를 내뿜을 뿐이었다.

다만, 피워야만 할 것 같았다. 식사 후엔 어김없이 담배가 떠올랐다. 기름진 음식이 주는 더부룩함 속에서 연기가 속을 달래주는 듯한 기분이 들었다. 일이 뜻대로 풀리지 않을 때에도 손은 자연스레 담배를 찾았다. 한 모금, 두 모금… 뭉게뭉게 피어오르는 구름을 보면 고민이 잠시나마 사라질 것 같았다. 연기는 마치 모든 근심과 걱정을 가려주고, 자신을 감싸주는 일종의 위로처럼 느껴졌다. 그렇게 담배가 내미는 손길에 끌려 하루를 보내왔다.

그러나 눈앞에 서린 안개가 걷히고 나면, 더 깊은 무기력과 공허함이 밀려왔다. 순간의 안도감은 결국 덧없는 환각에 불과했다. 연기가 사라진 자리에 남은 것은 칼칼한 목의 감각과 노랗게

스물다섯,
이유를 묻다

고여 있는 가래, 그리고 쭈그리고 앉아 가느다란 막대를 뻐끔거리던 초라한 모습일 뿐이었다. 그렇게 흡연에 기대어 현실을 외면하려 했던 순간들은 지나고 나면 언제나 더 큰 후회와 허탈함만을 남겼다.

그럼에도 불구하고, 담배는 좀처럼 손에서 떨어지지 않았다. 마음만 먹으면 언제든 끊을 수 있다고 생각했지만, 그건 착각이었다. 어느새 그것은 내 일상 깊숙이 자리 잡아, 위로가 아닌 굴레가 되어 있었다.

그러다가 문득, 20년 전의 장면이 떠올랐다. 생일날 했던 그 약속 이후로 단 한 번도 담배를 손에 쥐지 않았던 그 얼굴이 아스라이 그려졌다. 이제야 조금은 알 것 같다. 그것이 얼마나 큰 의지와 인내를 요구하는 일인지. 보이지 않는 곳에서 얼마나 많은 고민을 하셨을지. 동시에 궁금했다. 그 모든 과정을 지나오며 어떤 가르침을 전하고 싶었던 건지.

그것은 아마 사랑이었을 것이다. 힘든 순간마다, 고민이 고민을 물고 늘어지던 날들마다, 모든 것을 잊고 도피하고 싶었던 때마다 담배는 유혹의 손을 내밀었을 것이다. 하지만 당신은 그 유혹과의 모든 싸움에서 우리를 생각했을 것이고, 그렇게 매번 이겨냈을 것이다.

그런 모습을 떠올리다가, 손에 들려있던 담배를 내려놓았다. 더 이상 담배 연기 속에 자신을 숨기지 않기로 했다. 당신이 그러했 듯, 나 역시 사랑하는 이들을 위한, 그리고 스스로를 지키기 위한 선택을 하기로 마음먹었다. 물론, 그것은 쉽지 않을 것이다. 순간 의 안락에 기대어 버텨온 시간이 적지 않고, 때로는 자신을 감춰 주는 유일한 피난처처럼 느끼기도 했으니 말이다. 하지만 그 모 든 순간마다 되새겨보려 한다. 20년 전의 마음을 미약하게나마 헤 아리고, 나도 나의 선택이 사랑임을 기억하며 나아가고자 한다.

그렇게 하여 연기가 아닌 맑고 깨끗한 공기를 즐기며, 자신을 구속하던 무언가로부터 벗어나고 싶다. 그리고 언젠가, 나 또한 누군가에게 당신이 남겨주었던 것처럼, 의미를 전할 수 있는 사 람이 되길 바란다.

그것은 아마 실천으로 전하는 사랑일 것이다.

스물다섯,
이유를 묻다

함께 완주하는 길

　세상에 태어나는 순간과 동시에 삶의 레이스는 시작된다. 그러나 안타깝게도 경주는 공정하지 않다. 출발선은 겉보기에 모두 같아 보이지만, 실상은 제각기 다른 지점에 자리하고 있다. 가정 환경, 건강, 외모, 지능, 경제적 여건 등 복합적인 조건들은 삶의 시작점을 좌우한다.
　이런 차이는 때로 경기의 판도를 결정할 정도로 커서, 개인의 노력만으로는 극복하기 어려워 보인다. 아무리 온 힘을 다해 달려도, 앞서가는 이들의 뒷모습은 점점 멀게만 느껴진다. 최선을 다했음에도 원하는 결과를 얻지 못할 때 입안에는 씁쓸함이 감돈다.

선두주자와의 간극은 좁혀질 기색조차 없다. 시간이 흐를수록 격차는 더욱 벌어지고, 애써 달리는 것이 무슨 의미가 있을까 하는 의구심이 든다. 압도적인 차이 앞에서 무력감이 엄습해온다. 내딛는 발걸음이 헛된 몸짓처럼 느껴지고, 어느새 달려야 한다는 의욕보다 멈추고 싶다는 유혹이 더 크게 다가온다.

그렇다고 해서 노력이 무용하기만 한 것은 아니다. 주어진 환경 속에서 최선을 다하려는 시도는 새로운 가능성을 열어줄 수 있기 때문이다. 물론 출발선이 다르고, 각자가 짊어진 짐의 무게도 다르기에 원하는 시점에 목적지로 도달하지 못할 수도 있다. 그래서 때로는 한계를 인정하는 용기가 필요하다. 그리고 자신의 속도로 완주하면 될 것이다.

그럼에도 불구하고 세상은 때로 누군가에게 지나치게 가혹하다. 짊어진 삶의 무게가 너무나 버거워 완주는커녕, 그 자리에 주저앉을 수밖에 없는 사람들이 있다. 하지만 많은 경우 그들의 이야기는 누구에게도 비춰지지 않는다.

반면, 아무런 짐 없이 경쾌하게 출발한 이들은 1등으로 결승선을 통과하며 모든 스포트라이트를 독차지한다. 환호성과 축하 속에서 그들의 성취는 위대한 노력의 산물로 둔갑한다. 조명이 밝을수록, 그 뒤편의 그림자는 더욱 짙어진다. 세상은 승자의 이름

스물다섯,
이유를 묻다

으로 기록되고, 뒤처진 이들의 이야기는 바람에 흩어진 낙엽처럼 사라져 갈 뿐이다.

이처럼 우리가 미처 알지 못했거나, 의도적으로 외면했던 곳에서 힘겨운 투쟁을 이어가는 사람들이 존재한다. 미디어에 드러나지 않았을 뿐, 그 수가 결코 적지 않다. 그런데 그들이 레이스에서 앞서 나가지 못하는 것을 단순히 노력 부족이나 의지 박약으로 치부하는 것이 과연 맞는 걸까.

누군가는 그것이 바로 자연의 법칙이자 세상의 이치라고 말한다. 적자생존의 논리가 있었기에 지금의 사회가 유지되어 왔다고 주장한다. 자신 하나 건사하기도 어려운 세상에서 타인을 돕는 것은 비효율적이고 어리석은 일이라 여긴다. 남을 위한 행동조차 결국엔 자신에게 돌아올 이익을 계산한 결과에 불과하다고 생각한다.

하지만 세상 그 누구도 이 레이스에서 영원히 선두를 유지할 수는 없다. 돌부리에 걸려 넘어질 수도 있고, 어느 날 갑자기 무거운 짐이 어깨 위에 얹힐 수도 있기 때문이다. 그리고 돌이켜보면, 지금 이 자리까지 오기까지 보이지 않는 도움의 손길이 있었을 것이다. 그렇기에 우리는 이제 앞만 보고 질주할 것이 아니라, 함께 완주하는 방법을 배워야 한다.

물론 모든 레이스의 참여자를 동일한 출발선에 세우는 것은 불가능하다. 설령 가능하다 하더라도, 그것이 함께 완주하는 방법은 아닐 것이다. 그보다는 과도한 삶의 무게를 짊어진 이들의 부담을 조금이라도 덜어주어, 다시 달릴 용기와 희망을 불어주는 것이 진정한 완주의 시작이 될 수 있을 것이다.

그렇다면 우리는 어떻게 그 무게를 나눌 수 있을까. 그리고 그런 이들을 위해 오늘의 나는 무엇을 할 수 있을까. 정답을 단정할 수는 없지만, 그 물음 속에서 이미 변화는 생기고 있을 것이다.

삶의 레이스는 애당초 공평하지 않다. 하지만 그럼에도, 우리는 함께 걸어갈 수 있다. 서로를 끌어주며 다같이 결승선에 도달한다면, 우리는 단지 자신의 완주뿐 아니라, 함께 걸어준 이들의 완주까지도 축하하게 될 것이다.

누구보다 빠르게 가기보다 누구도 놓치지 않는 법을 떠올리며. 함께 완주할 수 있는 세상을 꿈꿔본다.

스물다섯,
이유를 묻다

배고픔

 연말 모임이 잦았던 탓인지 턱선이 흐려졌다. 좋은 사람들과 좋은 시간을 보냈기에 후회는 없지만, 몸이 한층 무겁게 느껴진다. 그래서 늘 그랬듯, 새해가 되면 어김없이 다이어트를 시작한다. 하지만 호기롭게 먹은 마음과 달리, 결심을 이어가는 건 생각만큼 쉽지 않다.
 그래도 어쩌겠는가. 세면도구를 몽땅 헬스장에 두었으니 씻으러라도 가야 할 수밖에 없는 것을. 그렇게 마지못해 도착한 헬스장에서 샤워만 하고 가긴 또 괜히 아쉬워 러닝머신 위에 오른다.

천천히 걷다 보면 몸이 조금씩 풀리고, 끝내 계획에 없던 운동까지 하게 된다. 땀을 흘리고 샤워를 마친 뒤 문을 나설 때, 해냈다는 기분에 뿌듯함이 밀려온다.

그러나 성취의 감정은 오래가지 않는다. 돌아가는 길, 동네 빵집에서 퍼져 나오는 고소한 향기가 발길을 붙든다. 그냥 구경만 하자며 들어선 가게에서, 정신을 차리고 보니 손엔 묵직한 봉투가 들려 있다.

칼로리 측정 앱으로 얼추 열량을 가늠해본다. 그래도 하루에 하나는 먹어도 괜찮겠다는 판단이 선다. 그렇게 빵을 꺼내 먹으며 집으로 향한다. 그런데 집에 도착하고 나니, 봉투 안에 있던 빵들은 온데간데 없이 사라져있다. 정확히 말하자면, 내 뱃속으로 들어간 것이겠다.

이후에도 비슷한 패턴이 반복됐다. 처음에는 배고픔을 충분히 통제할 수 있다고 믿지만, 억지로 눌렀던 식욕은 마치 막아 둔 수도꼭지가 터지듯 한순간에 폭발했다. 그 과정에서 사람의 의지력이 생각만큼 강하지 않다는 것을 실감할 수 있었다. 배고픔 앞에서 매번 무너지는 스스로를 보며 허망함이 밀려오기도 했다. 그러다 보면 어릴 적 할머니 밑에서 자라날 때 줄기차게 들었던 헝그리 정신이 어렴풋이 떠올랐다.

가끔 빈곤했던 시절을 겪었던 사람들에게는 열정 이상의 무언

스물다섯,
이유를 묻다

가가 보인다. 그들의 눈빛에는 의지를 넘어선 갈망과 간절함, 결핍을 이겨내려는 절박한 염원이 비친다. 한때는 그것이 과하다고 생각했다. 그렇게까지 악을 쓰며 성공에 매달리는 건 지나친 게 아닌가 싶었다. 배를 곯더라도 삶의 아름다움을 조명하고, 낭만과 꿈을 향해 나아갈 수만 있다면 행복할 수 있다고 믿었기 때문이다. 그러나 이제 와서 돌아보면, 배고픔이라는 현실을 경험하지도 않았으면서 그런 생각을 했던 것이 부끄럽다.

혹자는 우스갯소리로 이야기한다. 고대 그리스의 아고라에서 철학을 논하던 거장들이 위대한 인물이었던 건 분명하지만, 그들의 사유 역시 사회적 지위와 경제력이 있었기에 가능했다고. 하루를 건사할 끼니조차 불확실한 이들에게 삶에 대한 논의는 그저 사치스러운 낭만에 불과했을 것이라고 말이다.

결국 배고픔이라는 고통은 삶의 가장 원초적인 해결 과제다. 생존의 전제조건이자, 모든 행동의 최우선순위에 배치된 까닭이다. 그러므로 당면한 현실이 고달픈 이들에게 배고픔을 참으라 하며 꿈과 희망을 강요하는 일은, 다소 가혹하고 폭력적인 요구일지도 모른다.

한편, 많은 경우 헝그리 정신이 발현되는 순간을 부끄러워한다. 결핍이 드러난다고 생각해 애써 감추려 한다. 그러나 배고픔에서 비롯된 행동은 결코 수치스러운 것도, 잘못된 것도 아니다. 그것은 단순히 굶주린 배를 채우려는 본능을 넘어, 부족함 속에서도 버티고 일어서는 삶의 추진력이 될지도 모르기 때문이다.

결핍은 필요를 일으키고, 필요는 행동을 이끈다. 따라서 배고픔을 행동의 지렛대로 삼는다면, 그것은 내재 된 가능성을 일깨우는 촉매제가 될 수 있다. 즉, 더 나은 자신과 더 나은 삶을 향한 강인한 의지의 표상이 되는 것이다.

물론, 지나친 욕망의 추구는 되려 화를 부를 것이다. 따라서 배고픔을 성장의 동력으로 삼기 위해서는 자신에게 정말 필요한 것이 무엇인지를 명확히 진단하고, 그에 맞는 방식으로 고민하여 행동해야 한다.

더 이상 배고픔은 그저 허기를 달래고자 하는 본능적인 충동이 아니다. 그것은 더 나은 내일로 나아가고자 하는 내면의 울림이자, 잠들어 있는 가능성을 깨우는 각성의 신호다. 그렇게 본다면, 결핍은 자신의 한계를 초월하는 과정에서 겪는 성장통일지도 모른다.

오늘의 허전함이 그저 아쉬움으로만 남지 않기를 바라며, 배고픔을 참아본다.

스물다섯,
이유를 묻다

탈피

갑각류는 몸이 자라 껍질이 더 이상 맞지 않으면, 기존의 외피를 벗어내는 탈피 과정에 들어간다. 성장과 생존을 위해선 더 이상 자신을 보호해 주지 못하는 허물을 갈아입어야만 하기 때문이다. 하지만 이 과정은 그리 간단하지 않다.

탈피를 하는 동안엔 외부의 위협에 고스란히 노출되며, 가장 취약한 상태에 놓인다. 자칫 잘못하면 죽음에 이를 수도 있다. 그러나 껍질을 벗지 않으면 성장할 수 없고, 그 안에 갇혀 생존 자체가 위태로워지는 건 마찬가지다. 이처럼 탈피는 다음 단계로 도약하기 위한 필수적인 과정이지만, 동시에 큰 위험과 고통을 수반하는 일이다. 이런 갑각류의 모습은 인간의 삶과도 닮아있다.

사람 역시 시간이 흐르며 어느 시점에 이르면 자신을 둘러싼 허물, 이를테면 사회적 위치나 관계, 오래된 습관이나 사고방식을 벗어던져야 할 순간을 맞이하게 된다. 과거의 껍데기를 추억이라는 이름의 상자 속에 담고, 앞으로 나아가야 할 순간이 찾아오는 것이다.

물론 그 껍질은 한때 외부의 위협으로부터 자신을 지킨 소중한 갑옷이었을 것이다. 그러나 더 이상 긍정적인 영향을 주지 못하고 오히려 발전을 가로막는 벽이 되는 순간, 우리는 탈피의 기로 앞에 설 수밖에 없다.

그 순간, 고민에 빠진다. 익숙함에 안주하며 정체를 받아들일 것인지, 아니면 위험을 무릅쓰고 낯선 변화를 선택할 것인지 주저하게 한다. 낡은 외피를 벗어야만 더 넓은 세상으로 나아갈 수 있을 것만 같으면서도, 그 과정에서 생길 상처에 대한 두려움이 가슴을 짓누른다. 새로운 껍질이 형성되기도 전에 서슬 퍼런 칼날이 다가오면 어떡할까 하는 염려가 앞서기 시작한다.

탈피는 분명 고통스러운 과정이다. 손에 쥐고 있는 것들을 내려놓는 일은 결코 쉽지 않다. 그러나 탈피를 거듭하지 않으면 그 이상의 성장은 불가능하다. 오래된 외피는 시간이 지날수록 발전의

스물다섯,
이유를 묻다

공간을 제공하지 못하며, 자신을 옥죌 변할 것이다. 껍질을 바꾸지 않은 채 크기만 키운다면, 좁은 틀 속에서 질식해버릴 것이다. 따라서 성장하고자 한다면, 탈피는 필연적인 과정일 수밖에 없다.

  이렇듯 성장은 자신에게 맞지 않는 옷을 갈아입는 데서 시작된다. 그것은 단순히 낡고 오래된 관습을 버리는 일이 아니라, 새로운 가능성을 수용하고 스스로를 재정의하는 과정이다. 물론 아무 때에나 무작정 껍데기를 집어던지는 것은 지양해야 할 것이다. 허물을 벗어낼 적절한 시점과 환경을 고민하고, 외피를 갖추기 위한 준비가 선행되어야 한다.

  이를 위해선 명확한 자기 객관화와 메타인지가 필요하다. 지금의 껍질이 정말로 더 이상의 성장과 변화를 허용하지 않는 것인지, 혹은 아직 여유가 남아 있는지를 점검해야 한다. 탈피는 과거를 부정하거나 도망치는 행위가 아니라, 자신을 넘어설 준비가 되었을 때 비로소 감행하는 결단임을 잊지 말아야 한다.

  또한 새로운 외피를 갖추기 위한 준비는 단지 내면의 변화만으로는 충분하지 않다. 성장에는 의지만으로 넘을 수 없는 현실적인 장벽들이 분명히 존재하기에, 적합한 외부 조건과 환경적 지지 또한 뒷받침되어야 하기 때문이다. 따라서 지금의 상황이 과연 새로운 껍질을 형성하기에 알맞은지, 그 속에서 무사히 적응하고 다시 단단한 존재로 거듭날 수 있는지를 면밀히 들여다보아야 한다.

탈피는 언제나 고통과 두려움을 동반한다. 그러나 그 끝에는 새로운 가능성과 더 넓은 세상이 기다리고 있다. 그곳에 도달하면 우리는 이전보다 크고 단단해진 자신과 조우할 것이다. 여정 동안 생긴 상처는 스스로를 넘어서려 했다는 용기의 증거가 될 것이다. 그 훈장은 언젠가 또다시 맞이할 다음 탈피를 가능하게 하는 믿음을 심어줄 것이다.

결국, 성장은 끊임없는 탈피의 연속이다. 매 순간 자신의 껍질을 돌아보고, 더 이상 머무를 수 없는 시점이 왔을 때 기꺼이 벗어낼 선택을 내리는 것. 그야말로 진정한 성숙과 발전으로 향하는 태도일 것이다.

어쩌면 바로 지금, 그 너머에서 기다리는 가능성을 믿어야 할 순간인지도 모른다.

생활 공간 투쟁

 공간은 동일한 면적과 형태를 지니고 있더라도, 그 안에 담긴 맥락과 사용 방식에 따라 전혀 다른 의미를 갖는다. 예를 들어 100제곱미터 남짓한 사각형 공간이 어떤 이에게는 시청 건물의 공공화장실로 소비되지만, 또 다른 이에게는 삶의 무게를 지탱해주는 소중한 보금자리가 된다. 누군가에게는 그저 스쳐 지나가는 공터일 수 있지만, 다른 누군가에게는 잊을 수 없는 장면과 감정이 각인된 장소일 수도 있다. 따라서 공간은 단순한 물리적 개념 이상의 상징을 함축하고 있다.

공간의 정체성은 다양한 요소에 의해 형성되고 변화한다. 자연 지리적 조건은 물론, 그 속에서 살아가는 사람들의 성향과 문화, 그리고 사회적 맥락까지 모두 공간의 얼굴을 바꾼다. 따라서 공간은 고정된 실체가 아니라, 인간의 삶과 관계 속에서 끊임없이 재구성되는 유동적인 구조에 가깝다.

같은 공간을 공유하는 이들 사이에는 자연스레 정체성과 소속감이 형성된다. 국가와 국가, 도시와 도시, 집과 집처럼, 삶의 경계를 획정하고, 그 안에서는 고유한 행동 양식과 규칙이 생겨난다. 그렇게 공간은 공동체를 구성하고 연결하는 사회적 장(場)으로 자리매김한다.

그러나 만남과 소통이 오가는 공간의 역할은 영속적이지 않으며, 끊임없는 도전에 직면한다. 인간은 한정된 자원과 공간 속에서 더 나은 환경을 추구하며, 이는 필연적으로 경쟁과 갈등을 유발하기 때문이다. 이러한 현상은 시대를 초월해 드러났다.

예컨대 농경 사회에서는 비옥한 땅을 차지하려는 경쟁이 주요 갈등의 원인이었다. 산업화 이후에는 도시 공간과 자원을 둘러싼 충돌이 더욱 두드러졌고, 오늘날에 이르러서는 물리적 장소를 넘어 가상 영역에서도 치열한 경쟁이 벌어지고 있다. 결국 공간을 둘러싼 투쟁은 인간 사회의 본질적인 모습으로 이해된다. 그리고 그것은 거대한 국가 단위에서만 국한된 이야기가 아니다.

스물다섯,
이유를 묻다

오늘날 개인에게도 안정적이고 쾌적한 주거 공간을 확보하는 것은 생의 주요 과업이다. 많은 이들이 '내 집 마련'이라는 요원한 목표를 위해 매일같이 일하고, 저축하며, 투자 기회를 찾는다. 이러한 일련의 행위는 모두 생활 공간을 둘러싼 또 다른 형태의 투쟁이라 할 수 있다.

하지만 그 꿈은 여전히 아득하게만 느껴진다. 치솟는 집값, 만성화된 공급 불균형, 그리고 구조적 불평등은 개인의 노력만으로는 극복하기 어려운 현실을 만들어낸다. 그리하여 우리는 점점 지쳐가고, 때로는 그 꿈을 내려놓을까 고민하기도 한다. 그러나 포기하기에 앞서, 우리는 '소유하고자 하는 공간'의 의미에 대해 다시 곱씹어볼 필요가 있다.

생활 공간은 단지 벽과 천장으로 둘러싸인 물리적 형태가 아니다. 하루의 끝에서 안정을 찾는 장소이며, 삶의 리듬이 숨 쉬는 안식처다. 따라서 사람마다 이상적으로 여기는 생활 공간은 조금씩 다를 것이다. 어떤 이는 창밖으로 강이나 바다가 내려다보이는 풍경을 선호할 것이고, 또 어떤 이는 교육 인프라가 잘 마련된 동네를 꿈꿀 것이다. 혹은 위급할 때 곧장 병원을 찾을 수 있는 접근성을 우선시할지도 모르겠다.

하지만 반드시 특정한 조건을 갖추지 않더라도, 그곳에 머무는 사람이 어떤 의미를 부여하느냐에 따라 충분히 바람직한 장소가 될 수 있다. 넓은 평수나 탁 트인 전경이 아니더라도, 사랑하는 이들과 마음을 나누고 삶의 온기를 주고받을 수 있는 공간이라면 그 자체로 행복한 거주지가 될 수 있기 때문이다. 그렇기에 생활 공간의 가치는 화려한 외관이나 세속적인 미사여구가 아니라, 그 안에서 쌓여가는 시간과 이야기 속에서 만들어지는 것일지도 모른다.

물론 비싸고 세련된 집, 뛰어난 입지 조건을 갖춘 공간이 매력적으로 보이는 건 부정할 수 없다. 그러나 그런 공간만이 진정으로 삶의 충만함을 더해 줄 수 있는지는 조금 더 신중하게 되물어야 한다. 단지 타인의 시선을 의식한 선택이거나 사회적 성공을 과시하기 위한 수단이라면, 그것은 생활 공간이 아닌 '전시 공간'에 불과할 것이기 때문이다.

그런 의미에서 이제는 공간을 '소유'나 '투자'의 대상으로만 바라보는 시각에서 벗어나, '삶의 터전'이라는 관점으로 들여다볼 필요가 있다. 그리고 그 공간과 내가 조화를 이루며 살아갈 수 있을지를 스스로에게 물어야 한다.

결국, 공간은 삶을 담아내는 그릇이자 무대이며, 우리의 삶은 그 위에 쌓여가는 이야기들과 같다. 아름다운 그릇 위에 음식을 플레이팅 하면 더욱 먹음직스러워 보이겠지만, 정작 비싼 그릇을 사느라 좋은 식재료를 준비하지 못한다면 결코 훌륭한 요리는 완성될 수 없을 것이다. 공간도 마찬가지다. 값비싼 집을 갖는 데에만 몰두한다면, 그곳에 담아내야 할 기억과 감정은 온전히 채워지지 않을지도 모른다.

공간을 둘러싼 빼앗고 빼앗기는 싸움은 앞으로도 계속될 것이다. 더 넓고, 더 높고, 더 좋은 조건을 향한 경쟁은 멈추지 않을 것이다. 그 치열한 전장의 한가운데에서 내게 주어진 한 뼘 남짓한 공간이 유난히 왜소하고 초라하게 느껴질지도 모른다. 낡은 벽지, 오래된 가구, 바람이 새는 창문 틈 사이로 한숨이 새어 나올 수도 있다. 하지만 생활 공간의 가치는 크기나 조건만으로 환산되지 않는다. 그 안에 어떤 이야기를 써내려가느냐가, 공간의 얼굴을 만든다.

오늘도 저마다의 터전을 가꾸며, 자신만의 하루를 지어 올리는 모든 이들을 응원한다. 당신이 어디에 있든, 그곳이 당신을 품어 주는 가장 따뜻한 집이 되길 바란다.

경쟁의 피라미드, 그 옆을 본다면

어릴 적에는 어른들이 말하는 성공의 길을 따르면 자연스럽게 행복해질 거라 믿었다. 학업에 열중해 좋은 대학에 가면 인생이 술술 풀릴 줄 알았으며, 안정적인 일자리를 얻기만 하면 유복하게 살 수 있을 것이라 기대했다. 그러나 시간이 지나면서 그 공식은 진실이 아니라는 걸 깨달았다. 물론 학업 성취도와 노력, 높은 학벌과 실력, 소득 수준과 삶의 질의 개연성을 부정하지는 않는다. 하지만 적어도 그것들이 곧 행복으로 이어지는 필연적 인과 관계는 아니라는 사실 역시 분명해졌다.

스물다섯,
이유를 묻다

안타깝게도 진실을 안다고 해서 상황이 달라지진 않았다. 수식의 진위 여부와는 무관하게, 높은 학벌과 좋은 직업은 여전히 유의미한 사회적 지표로 작동하고 있기 때문이다. 조건만으로 인생이 결정되는 건 아니지만, 그것이 가져다주는 이점과 처우의 차이를 완전히 외면하기엔 현실적인 어려움이 적지 않다. 그래서 많은 사람이 이러한 기준을 목표로 삼고, 때로는 삶의 이유처럼 여기기도 한다. 진정으로 원하는 인생과 거리가 있음에도, 이 틀을 따라야만 한다는 강박을 가진다.

그렇게 우리는 경쟁의 피라미드 속에서 끊임없이 위를 바라보며 더 높은 곳을 향해 나아가고자 한다. 그런데 꼭대기에 오른다고 해서 완전한 자유와 행복이 보장되는 것은 아니다. 다음 단계에 도달한다 한들, 그곳엔 또 다른 경쟁과 도전만이 기다리고 있을 뿐이다.

그러나 멈출 수 없다. 이 자리에 서기까지 뒤에서 밀어준 사람들을 생각하면, 그들의 기대를 저버리는 일이 두렵다. 조금만 더 올라서면 나아질 것이라는 바람은 점점 커져만 간다. 설령 그것이 신기루일지언정 포기하기엔 너무 멀리 와버렸다. 더 이상 이유는 중요하지 않다.

막연히 계단을 올라가다 보면, 어느 순간 떨쳐내기 어려운 허무함이 느껴지고, 서서히 의구심이 들기 시작한다. 과연 이 피라미드의 끝은 어디일까. 끝이 있기나 한 걸까. 중간에 멈춰 선다면 내 인생은 어떻게 흘러갈까. 혹시 깊은 심연으로 굴러떨어지는 건 아닐까. 애초에 피라미드에 오르지 않았다면 어땠을까. 이런 생각들이 꼬리를 물며 머릿속을 유영한다.

그런데 고개를 살짝 돌려보니, 나와 마찬가지로 숨을 헐떡이며 피라미드를 기어오르는 또 다른 이의 모습이 보인다. 생각해보면 그는 늘 내 옆에 있었지만, 이름이 무엇인지, 어떤 삶을 살아왔는지조차 물어본 적이 없었다. 그저 저 사람이 먼저 도착하면 나는 밀려날 것이라는 불안감에 사로잡혔고, 그가 쓰러지지 않으면 결국 내가 무너지게 될 거라 믿었을 뿐이었다.

돌이켜보면, 그 역시 나처럼 매일 벅찬 숨을 몰아쉬며 자기 자리에서 애쓰는 사람에 불과했을 것이다. 그런 이를 의심하고 경계하며, 은근히 무너지길 바랐다는 사실을 떠올리면 부끄러움이 밀려든다.

그래서 이제는 함께 오르는 길을 그려본다. 서로 밟고 어깨를 밀치는 것이 아니라, 서로의 어깨를 지탱하며 함께 걸어가 보려 한다. 흔들릴 때 손을 내밀어 붙잡아주고, 주저앉을 때 등을 밀어주고자 한다. 그렇게 한다면 어느 순간 문득 깨닫게 될 것이다. 우리가 이 피라미드에 오른 이유는 누군가를 딛고 올라서기 위함이 아니라, 서로를 지지하고 도우며, 함께 살아가기 위해서였다

스물다섯,
이유를 묻다

는 사실을 말이다.

결국 피라미드란 우리를 끊임없이 시험하기 위해 설계된 장치일지도 모른다. 꼭대기를 향한 갈망을 자극하며 더 높이, 더 빨리 오르라고 부추기지만, 정작 그 정상에 홀로 서는 것이 과연 진정한 목적이었는지 되묻게 하기 위해서 말이다.

그러니 방향을 조금 바꾸어보는 건 어떨까. 앞서간 이들의 발자취를 되새기며 배우고, 뒤따르는 이들을 이끌어주는 것이다. 서로의 호흡에 귀 기울이며 속도를 맞추고, 지쳐 멈춰 선 이의 곁에 조용히 있어 주는 것이다. 그렇게 걷는 여정에는 홀로 오른 정상에서는 결코 마주할 수 없는 깊은 충만감이 깃들 것이다.

오늘도 위를 바라보며 나아가는 모든 이들이, 언젠가 서로의 동반자가 되어 함께 걸어가는 기쁨을 누릴 수 있기를.

각자의 무게를 안고서

대학교를 졸업한 이후에도 가끔 모교 도서관을 찾는다. 익숙한 공간이 주는 편안함과 적당한 긴장감이 좋아, 환기가 필요할 때마다 들르는 편이다. 그날은 학기 중이 아니라 자리가 넉넉해 채광이 좋은 열람실로 들어섰다. 그런데, 그곳에서 낯익은 얼굴이 눈에 들어왔다. 까무잡잡해진 피부에 거뭇거뭇 수염도 자랐지만, 단번에 그임을 알아볼 수 있었다.

그는 대학교 새내기 시절 기말고사 전날까지도 나와 밤새 술을 마시던 친구였다. 공강 시간 후문 피시방에 가면 늘 먼저 자리

스물다섯,
이유를 묻다

를 잡고 있던 대학생이었다. 그런 그가 군대를 다녀오더니, 전문직 시험을 준비하겠다는 말을 남기고는 소식이 뜸해졌다. 혹여나 방해될까 싶어 따로 연락을 하지는 않았는데, 이렇게 마주칠 줄은 몰랐다.

시험 준비는 잘되고 있는지 묻기도 전에, 얼굴을 보니 고생을 한 흔적이 역력했다. 책상 위에는 두꺼운 전공 서적이 펼쳐져 있었고, 형광펜으로 빼곡히 쳐진 밑줄은 공부의 밀도를 말해주고 있었다. 굳이 시험 이야기를 꺼낼 필요는 없겠다는 생각이 들어, 지난날의 추억들로 대화를 채웠다. 이후엔 서로의 안녕을 비는 짧은 인사를 끝으로, 각자 갈 길을 갔다.

도서관을 나선 뒤에도 그 모습이 자꾸 떠올랐다. 그토록 철없어 보이고 시끄럽기만 했던 친구가, 이제는 말없이 책상 앞에 앉아 묵묵히 하루를 견디고 있다는 사실이 낯설게 느껴졌다. 그동안 무슨 일이 있었던 걸까. 언제부터 그렇게 말이 줄고, 표정이 무거워졌을까. 철없던 웃음은 어디로 가버린 걸까. 앉아 있던 그 모습 너머로, 그가 짊어지고 있을 삶의 무게가 어렴풋이 보였다.

그 무게는 단지 공부하는 수험서의 총중량만을 의미하지는 않을 것이다. 그 안에는 자신을 뒷바라지해 주는 사람들의 기대와 염원이 만들어 낸 희망의 무게, 불확실한 미래에 대한 두려움의 무게, 스스로에 대한 의구심에서 비롯되는 불안의 무게가 더해져 있을 것이다. 그것은 짊어지기에 너무 커 나아가기는커녕 당장이라도 짓눌릴 것만 같지만, 그럼에도 버텨내는 모습을 보면 존경심이 절로 든다. 이처럼 자신의 삶을 투사하며 하나의 가능성을 향해 치열하게 사는 사람들을 보면, 끝내 원하는 목표에 닿기를 조용히 응원하게 된다.

반면, 누군가는 "더 이상 개천에서 용은 나지 않는다"는 냉소적인 이야기를 한다. 제도의 불균형, 정보와 기회의 비대칭성으로 인해 공정해 보이는 시험조차 실상은 불공정하다는 것이다. 그래서 평범한 노력은 현실의 벽 앞에서 좌절될 수밖에 없다는 회의감을 내비친다. 물론 그 말에도 일리가 있다. 실제로 응시자 수에 비해 합격하는 이들의 수는 턱없이 적으며, 대다수는 결국 불합격의 고배를 마실 수밖에 없다. 합격의 영광을 누리며 빛나는 이들의 이면에는 수많은 낙인이 존재한다. 냉혹한 통계는 잔인한 현실을 찌르지만, 결코 부정할 수 없는 사실이기도 하다.

그러나 결과와 무관하게 노력은 자체로 마땅히 존중받아야 할 가치가 있다. 불확실성으로 점철된 삶을 스스로 개척하고자 한 의지는 누구도 함부로 폄훼할 수 없다. 물론 다른 이가 그 어려움을 알아주지 못할 수도 있다. 하지만 설령 세상이 몰라준다고 해도, 가장 가까이에서 치열한 순간을 지켜본 자신만큼은 지난 시간을 인정하고, 존중해 주어야 한다.

스물다섯,
이유를 묻다

또한 살면서 한 번쯤 후회 없이 모든 것을 쏟아낸 경험은 무의미하지 않다. 미련 없이 초연해진 상태일 때, 비로소 온전한 자신을 마주할지도 모르기 때문이다. 많은 이들이 평생 자신을 찾고자 헤매는 것을 고려해보면, 그 정도의 시간을 아깝다고 말할 수는 없을 것이다.

무엇보다, 결과가 어떻게 될지는 누구도 장담할 수 없다. 수십 대 일, 수백 대 일의 경쟁률로 합격률이 턱없이 낮아 보일지라도, 합격자는 결국 준비한 이들 중에서 나오기 마련이다. 희박한 확률이라 해도, 가능성이 없는 것은 아니다.

삶은 하나의 긴 흐름이다. 목표에 도달하는 순간이 있더라도, 그것은 끝이 아니라 또 다른 시작일 뿐이다. 과정 속에서 실패를 경험할 수도 있지만, 그 실패는 더 큰 도약의 발판이 될 수 있다. 그렇기에 중요한 것은 눈앞의 결과가 아니라, 자신의 가치를 발견하고 스스로를 존중하며 나아가는 것일지도 모른다.

치열한 하루를 살아가는 이들에게, 그리고 더욱 빛나는 삶을 만들어 가려는 모든 이들에게 진심 어린 응원을 보낸다. 당신이 걸어가는 길이 어떤 끝을 맺든, 그것이 스스로에게는 자부심으로, 누군가에게는 영감으로 남기를 바란다.

아마추어

한 번은 부모의 내리사랑을 주제로 한 영화를 보고 막연한 궁금증이 들었다. 당신들도 누군가의 엄마, 아빠가 되기 전, 본인의 이름으로 불리던 때엔 어떤 사람이었을까 하는 호기심이 생긴 것이다. '자녀는 부모의 거울'이라는 말이 있지만, 지금 내 모습은 그들의 과거가 반영된 것이라기엔 너무 어리고 부족한 사람처럼 느껴졌다. 반면 당신들은 왠지 처음부터 성숙한 어른이었을 것만 같고, 사려 깊고 책임감 있는 사람이었을 것만 같았다. 하지만 곰곰이 생각해 보면 처음부터 그러시진 않았을 것

스물다섯,
이유를 묻다

이다.

그래서 물었다. 부모가 되기 전 당신들은 어떤 사람이었는지. 부모가 된 후 막중한 책임감에 짓눌리지는 않았는지. 아이의 눈에 초인과 같이 보였던 힘은 어디에서 나온 것인지. 그런데 그 모든 질문에 대한 대답은 의외로 단순했다. "시간이 지나면 자연스럽게 알게 될 거야. 부모가 되는 건 정답이 있어서가 아니라 그렇게 되어가는 거니까."

분명히 그분들 역시 누군가의 자녀로서 세상에 첫발을 내딛는 순간이 있었을 것이다. 고사리 같은 손으로 서툰 젓가락질을 하고, 삐뚤빼뚤한 글씨를 쓰던 시절이 있었을 것이다. 삶이 제시하는 수많은 질문과 도전 앞에서 설렘과 두려움을 느끼던 날도 있었을 것이다.

그렇게 수없이 넘어지고, 실수하고, 실패를 반복했을 것이다. 그 모든 시간과 경험이 차곡차곡 쌓여 어느 순간 지금의 모습이 되었을 것이다. 항상 모든 걸 알고, 모든 문제를 해결해 줄 것만 같은 당신들 역시, 나와 마찬가지로 인생의 초행길 앞에 우두커니 선 존재였을 것이다.

당신들은 그 길을 먼저 걸어왔기에, 앞으로 내가 마주할 여정이 얼마나 험난할지 잘 알고 있었을 것이다. 그래서 내가 상처를 덜 입도록, 가능한 한 안전한 길을 알려주었다. 잘못된 방향으로 빠지려고 할 때엔 단호한 조언을 건넸으며, 흔들릴 때는 손을 내밀어 붙잡아 주었다. 그러나 치기 어린 아이는 그 뜻을 미처 헤아리지 못했다. 그것은 단지 자유를 억압하고 선택지를 빼앗는 일처럼 보였다. 그래서 당신들의 손을 뿌리치고 도망다니기 일쑤였다.

이제서야 그 마음의 결이 조금씩 이해되기 시작했다. 조금만 더 일찍 알았더라면 좋았겠다는 아쉬움이 들지만, 다시 돌아간다 해도 행동이 달라지지는 않았을 것이다. 아마 부모가 된 그들 역시 마찬가지였을 것이다. 아이는 어른이 되어서야 비로소 그것을 느끼고, 다음 세대에게 전해 줌으로써 표현할 뿐이다. 내리사랑은 그렇게 흘러간다.

혹자는 그렇기에 우리가 인생의 아마추어라고 말한다. 나이와 관계없이, 어떤 환경에서 자랐든 간에 모두 각자의 삶을 처음 살아내고 있는 중이기 때문이다. 따라서 불확실성 앞에서 두려움을 느끼고 작아지거나, 시간이 지나고 나서야 '그때는 왜 그랬을까?'라며 후회하는 건 당연하다고 이야기한다.

그래서 우리는 후회를 줄이기 위해 앞선 시대를 살아간 현자들의 말이나 기록 속에서 답을 찾으려 한다. 책에 새겨진 명언 속에서, 구전되어 내려오는 오래된 이야기 안에서 어떻게 살아야 할지를 고민한다. 아득한 시간을 건너온 이들의 지혜는 분

스물다섯,
이유를 묻다

명 귀중한 길잡이가 될 수 있다. 그러나 아무리 값진 통찰이라 해도, 우리가 가야 할 길을 대신 걸어주지는 않는다. 결국 삶은 지도가 없는 여정이며, 그 누구도 경로를 미리 알고 출발할 수는 없다.

하지만 그렇다고 해서 좌절할 필요는 없을 것이다. 초행길을 걷는 아마추어이기에 누릴 수 있는 기쁨도 존재하기 때문이다. 이를테면, 그저 스쳐 지나갈 우연이 인연이 되고, 그 인연이 운명으로 발전하는 과정은 삶이 가져다주는 선물일 것이다. 실수라고 여겼던 일이 새로운 가능성의 문이 되어 있고, 한때의 좌절이 또 다른 시작이 되는 건, 미숙함이 허락한 너그러움일 것이다.

물론 아무도 가지 않은 미개척지의 영역을 나아가는 일은 두려움을 수반한다. 하지만 앞으로 향하는 걸음은 발자국을 남길 것이며, 그 흔적이 모여 자신만의 길을 만들어낼 것이다. 이 모든 것은 어쩌면 아마추어이기에 누릴 수 있는 특권일지도 모른다.

삶은 손에 주어진 보물 지도를 따라가는 정해진 궤적이 아니라, 스스로 방향을 찾아나가는 탐색의 과정이다. 그러니 때로는 엉뚱한 길로 들어설 수도 있고, 한발 늦어 땅을 치며 후회하게 될지도 모른다. 하지만 괜찮다. 우리는 불완전하기에 배울 수 있고, 불안정하기에 서로에게 기대어 살아갈 수 있기 때문이다. 그리고 그것이야말로 인생의 아마추어가 나아가는 방식이며, 삶을 완성해내는 태도일 것이다.

스물다섯,
이유를 묻다

내려놓는 용기

 흔히 인생은 길에 비유된다. 그 길은 사람마다 길이와 방향이 제각각이며, 어디가 끝일지 모르는 수수께끼의 행로이다. 곳곳에서 새로운 가능성을 마주할 수 있지만, 동시에 위협이 도사리고 있을지도 모르는 미지의 궤도이기도 하다. 이는 여행자로 하여금 불안감을 안겨 준다. 하지만 가기 싫다며 발버둥 쳐도, 시간은 등을 떠밀며 앞으로 나아가게 만든다.

 그래서 기왕 나서는 것이라면 어떻게 해야 무사히 완주할 수 있을지 고민하게 된다. 어떤 어려움이 들이닥칠지 모르니 가능한 모든 상황을 상정하여 만반의 준비를 한다. 우선, 충분한 물과 식량을 구비 한다. 낮에는 땡볕이 내리쬘 테니 선크림을 두둑하게 넣어 두고, 밤에는 추울 수 있으니 여벌의 옷과 침낭을 마련한다. 길을 잃지 않기 위해 나침반도 챙기고, 아름다운 풍경을 포착할 카메라도 목에 건다.

그런데 짐을 한가득 싸 들고 출발하려니 너무 무거워 발걸음이 떨어지지 않는다. 필요하다고 생각했던 것들이 되려 발목을 붙잡는 족쇄가 되어버린다. 모든 상황에 대비하려는 조심성이 오히려 앞길을 가로막는 것이다. 그러나 짐을 덜어내기엔 망설여진다. 혹여나 물이 부족해서 탈수에 빠진다면, 햇볕이 너무 강해 피부병이 생긴다면 어쩌지 하는 생각이 스친다. 수많은 가능성들이 머릿속을 맴돌고 두려움이 마음을 조여온다.

이처럼 '만약'이라는 가정은 끝없이 새로운 시나리오를 만들어 낸다. 한번 상상이 시작되면 그 늪에서 빠져나오기는 쉽지 않다. 실제로 그런 일이 일어날 확률이 희박함에도, 가능성을 지나치게 부풀려 반드시 도래할 일처럼 여기게 되는 것이다.

하지만 막상 길을 걷다 보면 뜻밖의 순간에 오아시스를 만나거나, 길을 안내해 주는 사람을 마주하게 된다. 태양을 피할 수 있는 그늘을 발견하고, 밤에는 포근히 잘 수 있는 은신처를 찾기도 한다. 길을 잃었다고 생각할 즈음에는 목적지를 안내해 주는 이정표

스물다섯,
이유를 묻다

를 보게 된다. 그렇게 짐을 한가득 싸 들고 나서지 않아도 충분히 여행할 수 있음을 깨닫는다.

물론 모든 짐을 내려놓고 맨몸으로 길을 떠나는 것은 위험하다. 최악의 상황에 대비하기 위한 어느 정도의 채비는 반드시 갖추어야 한다. 그러나 출발도 하기 전에 발생하지 않은 일들로 걱정을 짊어질 필요는 없을 것이다. 지나친 고려가 발목을 붙잡을 수 있음을 기억해야 한다. 어쩌면 우리가 정말 우려해야 할 건 실패로 떨어지는 것이 아니라, 자신을 지켜줄 줄 알았던 안전고리가 어느새 스스로를 옭아매는 목줄이 되어버리는 일인지도 모른다.

따라서 시작이 머뭇거려진다면, 불필요한 짐들이 발에 채이고 있는 것은 아닌지 돌아보아야 한다. 그것이 정말 필요한 것인지 숙고한 뒤, 아니라면 과감히 두고 가는 기지를 발휘할 필요가 있다.

이미 손에 너무 많은 것을 쥐고 있으면 새로운 물건을 잡을 수 없듯, 미련과 두려움으로 가득 찬 마음에는 새로운 기회가 들어설 자리가 없다. 결국 내려놓는다는 건 포기가 아니라, 더 넓은 가능성을 맞이하기 위한 비움의 과정이라 할 수 있다.

또는 누군가와 함께 길을 떠나보는 것도 좋은 방법일 것이다. 짐을 나누어 챙기면 서로의 부담을 조금씩 덜 수 있으니 말이다. 지칠 때는 서로의 짐을 들어주고, 추운 밤엔 온기를 나누며 기댈 수도 있을 것이다. 그렇게 함께라면 길 위의 고난도 한결 수월해지고, 혼자였다면 외롭고 지루했을 여정도 어느덧 즐거운 여행이 될 것이다.

결국 길을 걷는 데 있어 가장 중요한 것은 완벽한 준비나 만반의 채비가 아니라, 내려놓는 용기와 함께하는 마음일지도 모른다. 그러니 오늘은 무거운 짐을 잠시 내려두고, 마음 한구석에 작은 여유 공간을 남겨두는 건 어떨까. 한 걸음 내디딜 때마다 어깨를 짓누르던 불안과 걱정을 털어내고, 비워낸 마음의 자리에 길 위의 절경, 뜻밖의 인연, 그리고 가슴 벅찬 설렘을 하나씩 채워보는 것이다.

인생이라는 이름의 경로 위에서, 우리는 앞으로도 수없이 많은 갈림길과 돌부리를 마주할 것이다. 하지만 예상하지 못했던 기쁨, 설명할 수 없는 따뜻함, 이유 없는 웃음 역시 그 앞에서 기다리고 있을 것이다.

불확실성 속에서 피어나는 여정의 재미를 온전히 누릴 수 있기를 바라며.

스물다섯,
이유를 묻다

불공정 레이스의 진실

　인생은 속도보다 방향이라고 하지만, 그렇다고 마냥 속도를 외면하기는 어렵다. 특히 각 나이대에 맞춰 표준화된 궤적을 따르는 것이 당연시되는 사회에서는, 조금만 늦어져도 뒤처진 존재로 치부하기 일쑤다. 다른 길을 선택하려는 용기는 그런 시선 앞에서 쉽게 꺾인다. 무엇보다 정해진 루트를 따르는 데에도 온 힘을 쏟아야 하는 현실 속에서, 새로운 길을 모색한다는 것은 너무나도 어려운 일이다.
　혹자는 그건 단지 용기 부족의 문제라고 말한다. 시도해 보지도 않았으면서 망설이는 것이 잘못되었다고 지적한다. 수십 번 넘어지면 그만큼 일어나서 될 때까지 반복하면 되는 것이 아니냐고 반문한다.

그러나 현실은 그렇게 간단하지 않다. 새로운 길을 선택함으로써 감수해야 하는 리스크는 개인마다 천차만별이다. 예컨대, 휴학을 한 대학생이 취업에 필요한 스펙을 쌓지 않고 말 그대로 쉬거나 새로운 시도를 감행했다면, 그동안 무엇을 했는지 끊임없이 해명해야 한다. 자신의 선택이 가치 있었음을 증명해야 하는 것이다.

하지만 모든 경험이 계량화될 수 있는 것은 아니다. 때로는 단순히 삶을 살아가는 데 필요한 내적 성숙을 위한 시간이었을 수도 있고, 드러나지 않지만 인생의 밑바탕을 다지는 과정이었을 수도 있다. 그러나 사회는 보이지 않는 성장을 인정해주지 않는다. 성과로 서술되지 않는 시간은 곧 '공백'으로 간주되고, 그 공백은 게으름으로 치환된다. 결국, 말 그대로 쉬기 위해 휴학을 선택한 사람은 자신의 쉼을 변호해야 하는 아이러니에 놓인다.

또한 특정 나이에 자산이 일정 수준에 미치지 못하면 그간 무엇을 했는지, 왜 돈을 모으지 못했는지를 소명해야 하는 상황에 놓이곤 한다. 만약 설명이 충분히 납득되지 않는다면, 그 사람은 경제 관념이 부족하고 헤픈 소비 습관이 있다는 낙인을 감수해야 한

스물다섯,
이유를 묻다

다. 재산이 단순한 숫자가 아니라 '책임감'과 '성실성'을 증명하는 비공식적인 척도로 여겨지는 것이다. 그렇게 돈은 한 사람의 삶 전체를 판단하는 기준으로 작동하게 된다.

물론 정말로 미래에 대한 계획 없이 돈과 시간을 흘려보낸 사람도 있을 것이다. 그러나 누군가는 취업을 위한 경험과 기반을 쌓을 시간에 생계를 위해 학업을 멈추고 아르바이트를 해야 했을 것이다. 또 어떤 이는 가족의 도움을 받아 월급 전액을 저축할 수 있었던 반면, 다른 이는 가족의 부채, 학자금 대출, 월세 납부 등으로 인해 통장에 돈을 남길 여유조차 없었을지도 모른다.

이처럼 각 개인은 같은 나이대에 속해 있더라도, 자라온 환경과 주어진 조건에 따라 서로 다른 출발선에서 경주를 시작하게 된다. 그러나 안타깝게도, 사회는 이러한 차이를 간과한 채 모든 사람을 동일한 기준 아래에서 평가한다. 표준을 충족하지 못하는 것은 곧 실패로 간주되며, 책임은 오롯이 개인의 태도와 능력에 전가된다. 스스로 통제할 수 없는 요인들까지도 노력의 문제로 귀결되며, 삶은 획일적인 척도에 의해 제단된다. 그 결과, 개개인의 삶에 담긴 다층적인 맥락과 고유한 서사는 지워진다.

물론, 그런 틀에서 완전히 자유로울 수 있다면 별문제가 되지 않을지도 모른다. 그러나 사회가 정한 기준이 삶에 제약을 가하기 시작하는 순간, 그 규율은 단순한 외부의 강요를 넘어 생존을 위협하는 권력으로 작동하게 된다.

    그렇게 되면, 개인은 레이스의 선두에 서지 못한 것을 자신의 탓으로 돌리기 시작한다. '내가 더 노력했어야 했는데, 내가 무능해서 이런 결과를 초래한 것은 아닐까'하는 자책감에 스스로를 몰아넣는다. 이는 곧 더 빨리 달려야 한다는 압박으로 이어지고, 한시도 멈추지 않고 나아가야 한다는 강박을 심는다. 하지만 그것은 결코 쉽지 않다. 이미 전속력으로 달리고 있음에도 불구하고, 여전히 제자리걸음처럼 느껴질 뿐이다.

    그런데 사실, 뛰고 있는데도 여전히 같은 등수에 머물러 있는 것은 나뿐만 아니라 다른 이들 역시 필사적으로 달리고 있다는 뜻이기도 하다. 이는 고속도로에서 시속 100km로 달리고 있는 차가 옆 차선의 차량과 같은 속도로 달릴 때, 마치 정지해 있는 것처럼 느껴지는 착시를 연상케 한다. 그러므로 모두가 치열하게 질주하는 이 레이스 속에서 나의 위치가 그대로인 것은 현실에 안주한 결과가 아니라, 멈추지 않고 노력하고 있다는 증거일 것이다.

    그렇다면 아무리 열심히 해도 평생 같은 자리에 머물러야 할까? 그렇지 않다. 삶의 레이스는 단거리가 아니라 장거리 경주다. 지금 선두에 있다고 해서 끝까지 앞서가는 것은 아니며, 중요한 순간에 추진력을 낼 수 있다면 흐름을 뒤집을 기회는 언제든 존재한다. 따라서 자신의 현재 위치를 인식하고, 언제 스퍼트를 내야 할

스물다섯,
이유를 묻다

지 파악하는 것이 필요하다.

　때로는 속도를 높이는 것보다, 방향을 새롭게 조정하거나 다른 방식으로 접근해보는 것이 더 효과적일 수 있다. 오히려 예상치 못한 지름길이 될지도 모르기 때문이다. 물론 결과를 예측할 수 없기에 두려움이 따를 수 있다. 그러나 리스크를 감수하고 행동에 나선다면, 도약적인 성장이 가능할지도 모른다.

　인생의 레이스는 애당초 공정하지 않았다. 그리고 공정해야 할 이유도 없다. 하지만 그렇다고 해서, 획일화된 기준과 틀에 자신을 억지로 끼워야만 하는 까닭도 없을 것이다. 우리의 삶은 등수로 모두 정리될 만큼 단순하지 않으며, 외부의 평가에 본질적인 가치를 의존할 만큼 가볍지도 않다. 그러한 척도가 진척을 가늠하기 위한 지표로 사용될 수는 있겠지만, 어디까지나 부차적인 요소일 뿐, 결코 자신을 정의하는 기준이 될 수는 없는 것이다. 그러니 그것에 흔들리지 않아도 괜찮다고 이야기하고 싶다.

　오늘도 치열한 경주를 펼치고 있을 모든 선수를 응원하며, 자신만의 레이스에서 완주하길 바란다.

약한 연결의 힘

　예전에는 가족이나 연인, 그리고 둘도 없는 친구 같은 사람들에게 힘든 일을 털어놓는 것이 사랑과 신뢰의 표현이라 믿었다. 마음을 나눈다는 건 자신을 온전히 드러내는 일이기에, 가까울수록 모든 것을 공유해야 한다는 묵시적인 기대가 있었다. 그래서인지 생각을 숨기는 것은 곧 거리감을 두는 행위로 여기기도 했다. 하지만 요즘은 오히려 거리가 어느 정도 있는 지인에게 가볍게 툭 던지듯 고민을 이야기하는 것이 더 편하게 느껴진다.
　이는 사랑하는 사람들을 신뢰하지 않아서가 아니라, 내 솔직한

스물다섯,
이유를 묻다

고백이 그들에게 짐이 될 수 있다는 우려에서 비롯된 행동이다. 또한 객관적인 시선에서 상황을 진단받고 싶을 때, 정서적으로 밀착된 관계일수록 냉정한 조언을 기대하기 어려워 그런 것일 수도 있겠다. 서로에 위하는 마음이 깊을수록 날카로운 조언보다는 위로와 공감이 앞서게 되기 때문이다.

반면, 관계의 연결 고리가 튼튼하지 않은 사람에게는 훨씬 가벼운 마음으로 이야기를 꺼낼 수 있다. 그들에게 내 고민은 삶의 무게를 덜어달라는 요청이 아니라, 그저 지나가는 이야기의 한 토막에 불과하다. 그래서 감정의 소모 없이 보다 직관적이고 실질적인 반응을 얻는 일이 가능해진다. 이처럼 상대와의 정서적 밀도나 관계의 강도에 따라, 마음을 나누는 방식과 효과가 달라진다는 점에서, '약한 연결의 힘'이 떠오른다.

'약한 연결의 힘'은 사회학에서 논의되는 개념이다. 이는 인간관계를 '강한 연결(strong ties)'과 '약한 연결(weak ties)'로 구분하는 데서 출발한다. 전자의 경우 가족, 연인, 가까운 친구처럼 자주 만나며 깊은 신뢰를 쌓아온 사이를 의미하며, 후자는 업무상 동료나 지인처럼 피상적인 수준에서 간헐적으로 교류하는 관계를 뜻한다.

우리는 보통 강한 연결에 더 많은 시간과 감정, 자원을 투자하며 그 관계에 더 큰 의미를 부여하곤 한다. 이는 어찌 보면 당연한 처사일 것이다. 그들은 분명히 삶에서 없어선 안 될 존재들이기 때문이다. 하지만 '약한 연결'이 때로는 '강한 연결'보다 더 중요한 역할을 하기도 한다.

강한 연결의 네트워크는 그 결속력만큼이나 폐쇄적인 경향이 있다. 구성원 간의 유대가 깊은 만큼, 정보의 흐름은 내부에서 반복되며 점차 한정된 방향으로 수렴되기 쉽다. 이를테면, 늘 같은 사람들과 대화를 나누는 환경에서는 새로운 아이디어나 대안적 관점을 접하기 어려울 수 있다. 익숙한 사이일수록 서로를 이해하는 범위는 넓지만, 생각의 다양성이 줄어드는 역설이 발생하는 것이다.

이와 달리, 약한 연결은 느슨하고 가벼운 관계이기에 오히려 새로운 정보와 기회의 통로가 된다. 평소 자주 교류하지는 않지만 다양한 분야에 속한 이들과의 접촉은 나의 세계를 넓혀주는 계기가 된다. 예컨대 업무상 알게 된 지인, 행사에서 잠깐 마주친 사람과의 대화가 뜻밖의 통찰을 안겨주거나, 전혀 다른 시각을 자극해줄 수도 있다.

따라서 약한 연결은 강한 연결로부터는 얻기 어려운 다양성과 신선함을 제공하며, 때로는 삶의 흐름을 바꾸는 예기치 못한 전환점이 되기도 한다. 그런 의미에서 약한 연결은 새로운 가능성의 문을 여는 열쇠라고 할 수 있다.

스물다섯,
이유를 묻다

특히 소셜 미디어와 같은 디지털 플랫폼은 약한 연결의 잠재력을 더욱 확장하고 있다. 물리적 거리나 사회적 배경에 구애받지 않고, 각기 다른 삶의 궤적을 가진 이들과 연결될 기회가 비약적으로 늘어난 것이다. 이제 약한 연결은 더 이상 단지 부차적이거나 덜 중요한 관계가 아니다. 그렇기에 우리는 약한 연결을 우연에 맡기기보다, 그것을 의식적으로 이용하고 가꾸어 가려는 태도가 필요하다.

약한 연결을 효과적으로 활용하려면, 다양한 관계를 두려워하지 않고 열린 마음으로 다가가는 태도가 중요하다. 약한 연결의 힘은 관계망의 넓이에 비례하여 증가하기 때문이다. 또한, 이 연결이 단발성에 그치지 않으려면 상호 간의 필요를 충족시키려는 지속적인 노력이 필요하다. 일방적인 기대나 요청은 쉽게 피로감을 불러일으키고, 느슨했던 연결을 아예 끊어버릴 수도 있다. 관계를 목적을 위한 수단으로만 바라볼 때, 그 고리는 금세 풀려버리고 말 것이다.

하지만 관계를 존중하고 연결에 가치를 두는 순간, 약한 연결은 의외의 깊이를 갖게 될 것이다. 그렇게 맺어진 고리는 점차 견고해지고, 그 안에서 새로운 가능성과 기회가 끊임없이 만들어질 것이다.

결국 강한 연결이 우리의 삶을 든든히 지탱해주는 버팀목이라면, 약한 연결은 더 넓은 세상과 마주하게 해주는 창과 같다. 그렇기에 이 두 가지를 균형 있게 활용하여 삶의 깊이와 폭을 함께 확장해 나가야 할 것이다. 관계의 가치를 단일한 잣대가 아닌 다각도의 시선에서 바라보고, 서로 다른 연결이 만들어내는 시너지를 누리는 것이다. 그렇게 한다면, 우리의 삶이 조금은 더 풍요로워질 것이다.

물론 관계는 언제나 유동적이다. 지금은 약한 연결에 머무는 사람이 훗날 누구보다 든든한 존재가 될 수도 있고, 반대로 지금 가장 가까운 이와 점차 멀어질 수도 있다. 그러니 중요한 것은 그러한 구분에 얽매이기보다, 모든 관계의 가능성을 열린 채로 바라보는 것일지도 모르겠다. 어떤 인연이 어떤 방향으로 흘러갈지는 알 수 없지만, 모든 관계는 크든 작든 우리 안에 어떤 흔적을 남기고, 그 흔적이 모여 나를 완성해갈 것이다.

다가오는 인연을 맞이할 준비를 하며, 당신과 맺어질 고리의 모양을 상상해본다.

스물다섯,
이유를 묻다

해학의 민족

요즘은 "우리가 무슨 민족입니까?"라는 문구를 보면, 특정 배달 회사의 어플이 먼저 떠오른다. 이는 해당 기업의 마케팅 전략이 워낙 강렬했거나, 업계에서 차지하는 압도적인 점유율 덕분에 귀에 익었기 때문일 것이다. 그러나 그보다 훨씬 전부터 우리 선조가 '00의 민족'으로 불려온 오래된 관념이 남아 있었기에, 그 문장이 친숙하게 느껴졌던 것인지도 모른다.

흰옷을 즐겨 입었던 우리의 조상들은 '백의민족'이라는 별명을 가지고 있었다. 그것은 단순한 복식의 취향을 넘어, 문화적 습속과 정신적 지향을 드러냈다. 흰옷은 때가 타기 쉬운 만큼, 꾸준히 입기 위해서는 마음가짐과 생활태도 또한 정갈하고 청결해야 하기 때문이다. 그런 의식이 반영된 의복 관습은 오랜 세월에 걸쳐 한민족의 정체성과 자부심을 상징하는 문화로 자리매김해왔다.

그들은 또한 삶의 어려움 속에서도 웃음을 잃지 않았던 해학의 민족이기도 했다. 흰옷이 내면의 절제와 정결함을 나타냈다면, 해학은 고난을 유연하게 이겨내려는 강인함과 지혜의 표상이었다. 슬픔은 나누면 반이 되고, 웃음은 나누면 배가 된다는 삶의 진리를 실천하며, 애환마저도 재치로 승화시키려 한 것이다. 그런 사고방식은 그저 유희가 아니라, 현실을 견뎌내는 강인한 생존 전략이었다. 그리고 오늘날, 해학의 정신은 다시금 절실히 필요해 보인다.

한국이 저성장 시대로 접어들며, '잃어버린 30년'이라는 일본의 경제 위기가 곧 우리의 미래가 될지 모른다는 공포 섞인 예측이 들려온다. 아니, 어쩌면 이미 시작되었는지도 모른다.

고물가와 천정부지로 치솟는 부동산 시세는 노동의 가치를 갉아먹고, 근로 의욕을 꺾는 사회 분위기를 조성하고 있다. 모두가 일확천금의 기회만을 노리며 한탕주의에 기대어 살아가는 풍조가 퍼지고 있다. 팍팍한 현실 속에서 사람들의 표정은 굳어가고, 웃음은 점점 자취를 감추고 있다. 그러나 이런 때일수록 역설적으

스물다섯,
이유를 묻다

로, 더욱 웃고 즐거워져야만 한다.

이는 현실을 외면하자는 이야기가 아니다. 오히려 상황을 직시하되, 웃음을 통해 그것을 담담히 받아들이고 극복할 수 있는 내면의 힘을 길러야 한다는 뜻이다. 해학에 담긴 희극의 힘은 개인적인 위안을 넘어, 사회적 연대와 회복의 기틀을 마련할 수 있기 때문이다.

옛 선조들 또한 지난한 세월을 살아가며, 유머를 통해 서로를 격려하고 함께 나아갈 길을 모색했다. 그들은 권력의 부조리를 풍자하면서도, 서민의 애환과 희망을 조소 안에 녹여냈다. 그런 웃음은 그저 익살이 아니라, 함께 극복해내기 위한 마음이었다.

따라서 해학은 단순한 농담이 아니다. 그것은 세상의 모순을 날카롭게 찌르며 현실을 환기시키는 동시에, 그 안에서도 살아갈 이유를 찾아내는 태도다. 자신과 타인, 그리고 공동체를 연결하고, 고단한 현실 속에서 다시 일어나려는 의지이다. 웃음 속에서 삶의 의미를 재발견하고, 절망 속에서도 새로운 길을 모색하려는 지혜이다.

오늘날의 사회에서도 해학은 그 방식만 달라졌을 뿐, 여전히 중요한 역할을 하고 있다. 사람들은 인터넷과 소셜 미디어를 통해 '밈(Meme)'과 같은 형태로 유머를 나누며, 무거운 현실을 가볍게 비틀고 재해석한다. 예컨대 정치적 풍자를 다룬 콘텐츠는 때로 무거운 담론보다 더 강한 영향력을 발휘하며, 문제를 다시 곱씹게 만든다.

그 결과, 단절되어 있던 개인들 사이에서도 웃음이라는 연결이 생겨난다. 서로 나이도, 직업도, 살아온 환경도 전혀 다르지만, 같은 밈에 웃고 반응하며, 그 순간만큼은 같은 감정의 파동을 나누게 되는 것이다. 지구 반대편에 사는 생면부지의 사람과도 댓글 하나, 공유 하나로 마음의 끈이 이어진다. 이처럼 공통의 언어가 없어도 웃음은 소통을 가능하게 하고, 감정이 건너가는 다리가 되어준다. 그렇게 형성된 공감의 찰나는, 해학이 현대적으로 확장된 한 형태이자, 여전히 공동체를 치유하고 회복시키는 힘으로 작동하고 있음을 보여준다.

따라서 해학은 우리가 앞으로 만들어갈 미래를 위한 중요한 도구가 될 수 있다. 팍팍한 현실 속에서도 웃음을 잃지 않는 마음의 여유는, 문제를 낙관적으로 바라보는 것을 넘어 더 나은 내일을 상상하고 창조할 수 있게 하는 원동력이 되기 때문이다. 하루하루의 고단함 속에서도 농담 한마디로 서로를 다독이고, 짧은 유머 하나로 억눌린 감정을 털어낼 수 있다면, 그 웃음 하나가 무너질 듯한 하루를 다시 붙잡아 줄 것이다.

그렇기에, 어쩌면 바로 지금이 "우리가 무슨 민족입니까?"라는 물음에 해학의 민족이라 대답하며 그 정신을 되새겨야 할 시점인

스물다섯,
이유를 묻다

지도 모른다. 다시 웃을 수 있는 내일을 만들기 위해, 해학의 힘을 잃지 말아야 한다.

우리는 어떠한 이유로 살아가는가. 삶이 절망의 벽 앞에 멈춰설 때, 그 벽을 뚫고 들어오는 한 줄기 희망의 빛은 어디에서 발견되는가. 그 불빛이 과연 그토록 갈망하는 거창한 성공이나 위대한 업적 속에서만 찾을 수 있는 것일까. 어쩌면, 그런 섬광은 일상의 아주 작고 소박한 순간 속에 깃들어 있는 것은 아니었을까. 누군가의 미소 한 조각, 고통을 견디며 흘린 눈물과 땀방울, 그리고 조용히 건네는 따뜻한 말 한마디 속에서 말이다.

결국, 우리가 살아가는 모든 과정 속에서 울고 웃으며 만들어내는 빛이 삶에 광명을 드리우는 것은 아닐까. 그렇다면, 당신의 미소는 당신이 살아 있다는 가장 분명한 증거일 것이며, 사랑해야 하는 이유가 될 수 있을지도 모른다.

CHAPTER 2

존재와 흔적:
남겨진 것들의 이야기

이름 없는 유산

    사람은 죽어서 이름을 남기고, 호랑이는 죽어서 가죽을 남긴다는 오래된 격언은 '당신의 이름은 어떠한 의미를 담아내고 싶은가?'라는 질문을 던진다.
    비단 이름이 아니더라도, 인간은 누구나 무언가를 남기고자 하는 본능을 지닌다. 그것이 유산이든, 업적이든, 혹은 기록이든 간에 삶의 족적을 세상 어딘가에 새기고 싶어 한다. 그런데 그 흔적이 무엇이어야 하는지에 대해서는 저마다 다른 대답을 내놓는다.
    누군가는 자신이 남길 수 있는 유산이 눈에 보이는 공적이라고

스물다섯,
이유를 묻다

믿는다. 유형의 결과물은 수치로 남고, 기록으로 증명되며, 후대에 물질적인 풍요를 제공할 수 있다. 그래서 많은 이들이 일구어 낸 성과에 집착한다. 자신을 오랫동안 기억하게 해줄 것이라 기대하며 하루하루를 쌓아간다.

그러나 그것이 반드시 후대에 행복을 보장해 주는 것은 아니다. 오히려 상속은 갈등의 불씨가 되거나, 책임이라는 이름의 짐으로 작용하기도 한다. 한때 주목받았던 업적 또한 마찬가지다. 처음에는 사람들의 입에 오르내리고, 신문 기사에 대문짝만한 사진이 실릴 수 있다. 하지만 시간이 흐를수록 그 이름을 기억하는 이는 점점 줄어들고, 마침내 아무도 알아주지 않는 시간이 도래하고 만다. 이렇듯 눈에 보이는 결과물에 매몰된다면, 그 자취는 휘발되고, 본래 담고자 했던 진심은 끝내 전달되지 않을 수 있다.

우리가 무언가를 남기고자 하는 마음의 바탕에는, '나는 어떤 존재로 기억되고 싶은가'라는 물음이 자리하고 있다. 그렇기에 진정한 흔적은 자신의 존재 이유를 되묻는 데서 출발할 수밖에 없다. 어떠한 까닭으로 이 세상에 왔는지, 자신이 남길 수 있으며 남겨야만 하는 것은 무엇인지, 그 근원적인 질문을 붙잡아야 하는 것이다.

그런데 그 답이 반드시 거창할 필요는 없다. 삶의 의미는 종종 사소한 자리에서 모습을 드러내기 때문이다. 어쩌면 누군가에게 건넨 따뜻한 한마디, 지친 이에게 전한 진심 어린 위로, 작은 것 하나까지 기꺼이 나누려는 마음과 같은 일상의 실천들이야말로, 우리가 남길 수 있는 가장 깊은 울림일지도 모른다.

그러한 다정함은 시간이 지나도 쉽게 사라지지 않는다. 오히려 더 많은 이들의 삶으로 조용히 번지며 점점 커진다. 그러니 우리가 진정으로 남겨야 할 것은, 삶 속에서 만들어낸 의미와 태도일 것이다. 만약 그런 온기가 세대를 넘어 전해진다면, 우리가 한때 이 세상을 아름답게 살아냈다는 증거가 될 것이다.

사람은 언젠가 이 세상에서 사라진다. 그래서 우리는 무언가를 남기고자 한다. 더 이상 존재하지 않아도 누군가의 기억 속에 머물기를, 나의 조각이 도처에 남아 있기를 바란다. 그러나 무엇을 남길지 충분히 고민하지 않은 채 막연히 눈에 보이는 것들에만 빠진다면 그 흔적은 시간이 흐를수록 빛을 잃고, 결국은 자신조차 담기지 못한 속 빈 강정이 되고 말 것이다.

그러므로 우리가 남기고자 하는 것은 단지 어떤 형태에 담아 보존하는 것이 아니라, 세상 속으로 퍼뜨려야 할 무언가일 것이다. 마치 바람을 타고 흩날리는 민들레 씨앗처럼, 혹은 잔잔히 번져가는 물결처럼 말이다.

그렇게 흩뿌려진 삶의 잔상이 시간과 바람을 따라 일으키는 파동은 끝없이 이어질 것이다. 물론 처음엔 그 파동이 작고 보잘것

스물다섯,
이유를 묻다

없어 보일 수도 있다. 그러나 그것이 타인의 삶 속에서 얼마나 깊고 넓게 번져갈지는 그 누구도 쉽게 가늠할 수 없을 것이다.

결국 삶의 흔적은 누군가의 마음에 닿아 다시 흘러갈 때 비로소 존재하게 된다. 한 사람의 이야기로만 머무르지 않고, 또 다른 이에게 스며들며 새로운 장을 써내려간다. 타인의 기억 속에, 말과 행동 속에 녹아들어 삶을 비추는 빛이 될 때, 그것은 단순한 '기억'이 아니라 '생명력 있는 서사'가 된다. 그렇게 이어지는 마음은 끊임없이 모습을 바꾸며 전해진다. 어쩌면 그것이야말로 우리가 세상에 남길 수 있는 가장 아름다운 유산일지도 모른다.

그리하여 내 존재는, 시간이 지나도 또 다른 모습으로 계속 살아 움직이게 될 것이다.

추억의 조각

모든 이들은 태어나는 순간부터 늙고(老), 병들고(病), 죽는(死) 과정을 향해 걸어간다. 시간의 강물은 일방향으로 흐르고, 그 위를 걷는 우리의 육신 또한 물살을 따라 나아간다. 불교에서 말하는 생로병사(生老病死)는 바로 그런 삶의 본질을 가리킨다.

인생은 시작부터 끝까지 무상(無常)의 흐름 위에 놓여 있다. 모든 것은 변하고, 머무르지 않으며, 결국엔 소멸한다. 사랑도, 성공도, 젊음도, 그 어떤 것도 끝내는 사라진다. 마치 손에 담긴 물이 조금씩 흘러내리는 것처럼 말이다. 그러나 끝을 알면서도 우리

스물다섯,
이유를 묻다

는 여전히 무언가를 붙잡고자 애쓴다. 조금이라도 더 오래 머물게 하려 하고, 변하지 않기를 바란다. 그 마음은 간절하고 때로는 아름다워 보이기까지 한다.

그러나 바람은 괴로움의 씨앗이 되기도 한다. 이루지 못한 꿈에 대한 깊은 좌절, 사랑에 실패했을 때의 상실감은 삶의 한 자락이 찢겨 나간 듯한 통증을 남긴다. 그렇게 삶은 다양한 형태로 고통을 건네며, 사람들은 각자의 방식으로 그 무게를 안은 채 살아갈 뿐이다.

시간이 흐르면 기억은 서서히 희미해지기 마련이지만, 상처는 그 흐름 속에서도 또렷한 형상으로 남는다. 어떤 아픔은 오히려 더욱 선명해지고, 가슴 깊이 무겁게 내려앉기도 한다. 마치 잊고 있던 흉터가 다시 덧나듯, 예고 없이 찾아와 마음을 짓누르고, 일상의 숨결마저 무겁게 만든다.

그러나 억눌린 채 가쁜 숨을 몰아쉬는 순간에도, 우리는 단 하나의 이유를 품고 앞으로 나아가고자 한다. 언젠가 희망의 씨앗이 꽃피울 날을 고대하며, 고요한 인고의 시간을 묵묵히 견뎌낸다. 그렇게 버텨내는 과정 속에서 삶이 안겨주는 통증의 의미를 스스로에게 되묻는다. 그것은 단순한 생존 본능을 넘어, 자신을 더 나은 방향으로 이끌고자 하는 의지의 표상일 것이다.

생의 이유, 희망의 씨앗은 저마다 다른 형태를 띤다. 누군가에겐 그것이 사랑하는 사람과 함께 하는 저녁 시간일 수도 있고, 또 다른 누군가에겐 오랜 시간 품어 온 목표일 수도 있다. 혹은 단순한 일상의 기쁨, 이를테면 아침 햇살이 비치는 창가에서 마시는 한 잔의 커피, 저녁 산책길에 스치는 바람의 향기일지도 모른다.

그러나 안타깝게도, 그런 이유들은 세월의 풍파에 휩쓸려 기억 저편으로 사라지고 만다. 무엇을 위해 이 모든 것을 반복하는지도 모른 채, 그저 '해야 하니까'라는 생각으로 살아가는 일상에 점점 익숙해진다. 하루를 버티는 데 급급해지고, 회고는 사치스러운 낭만처럼 여겨진다.

하지만 그런 무색한 날들 속에서도 잠시 멈춰 서서 추억을 떠올려보는 건 어떨까. 서랍 속에 고이 접혀 있던 편지를 펼치듯, 기억의 구석에 묻혀 있던 감정들을 한 장씩 꺼내 들여다보는 것이다.

추억의 조각에는 꼬깃꼬깃하게 접혀 있던 자국이 고스란히 남아 있다. 세월의 주름을 따라 조심스레 마음을 더듬다 보면, 지나간 시간 속의 자신을 발견하게 된다. 어느새 잊고 지냈던, 혹은 영영 잃어버린 줄만 알았던 순수함과 조우한다.

물론 그렇게 마주한 순수함은 더 이상 예전과 같지는 않을 것이다. 그 시절처럼 순백의 빛을 머금고 반짝이지도 않고, 먼지를 뒤집어쓴 채 퀴퀴한 냄새마저 풍길지도 모른다. 그러나 바래고 닳았을지언정, 그 속엔 여전히 지금의 나를 지탱해주는 작고 단단한

스물다섯,
이유를 묻다

무언가가 남아 있을 것이다. 그것들은 지나온 길을 증명하는 흔적이자, 지금의 이 자리에 서 있는 까닭이기도 하다. 그렇기에 추억을 돌아보며 삶의 궤적을 어렴풋이 그려내면, 앞으로 나아가기 위한 이정표를 발견할 수 있을 것이다.

결국, 고요히 잠들어있는 기억의 조각은 떠올리는 순간 다시 생동한다. 더 이상 머물러 있는 과거가 아니라, 또 하나의 시작점이 된다. 그 잔상을 품고 살아가다 보면, 어느덧 새로운 이야기가 차곡히 쌓여간다. 어쩌면 그것이야말로, 삶의 무상이 우리에게 가르쳐주려는 교훈일지도 모른다. 모든 것이 흘러가고, 사라지고, 끊임없이 변해가도, 추억은 삶의 틈새 어딘가에 머물며, 조용히 빛나고 있다는 사실을 말이다.

특히 어려운 시기 속에서 움튼 기억들은 척박한 땅 위에 피어난 새싹처럼 더욱 단단하고 소중하게 느껴진다. 그래서일까, 굴곡진 시간 안에 남겨진 순간들은 각별한 의미로 남는다. 우리는 그렇게 아픔 속에서도 희망을 발견하고, 다시 살아갈 이유를 찾아낸다.

삶의 고통과 아름다움은 불가분의 관계에 있다. 고통을 겪는 과정에서 추억을 마주하고, 그 장면 속에서 가능성을 포착한다. 한 조각의 추억을 먹으며 살아가는 오늘, 그 기억이 메마른 마음에 스며들어 내일의 꽃을 피우길 기대해본다.

모든 순간은 나였다

    살다 보면 한 번쯤은 잊을 수 없는 순간을 경험한다. 인생에서 가장 찬란했던 시기나 오랜 바람을 이루어낸 시점은 비록 찰나일지라도, 여운은 오래도록 남는다. 그래서 우리는 마치 자서전 한 페이지에 끼워둔 책갈피를 꺼내 보듯, 그 장면을 다시 펼쳐 보곤 한다.
    인생을 바꾼 터닝 포인트, 삶의 하이라이트가 드러나는 순간 입가에는 절로 미소가 번진다. 길을 걷다가도 웃음이 새어 나오고, 마음이 충만해져 밥을 먹지 않아도 배부른 듯한 기분이 들기도 한

스물다섯,
이유를 묻다

다. 그러한 기억들은 하루를 살아갈 이유이자, 동력이 되어준다. 그런데, 우리가 잊을 수 없는 순간에는 비단 좋은 장면만 있는 것은 아니다.

그 안에는 살면서 가장 비참하던 날, 혹은 비루하고 볼품없었던 때의 설움들 역시 녹아있다. 시간이 지나며 아물 줄 알았던 흉터는 문득 떠오를 때마다 다시금 심장을 도려내는 듯한 통증을 안긴다. 가슴을 조여와 숨이 막힐 듯하며, 일렁이는 감정에 멀미가 난다. 이제는 다 지난 일이라 잊고 지낼 수 있을 줄 알았는데, 오히려 더 힘든 것이 모순처럼 다가온다.

빛이 강할수록 그림자가 깊듯, 아픔의 기억도 기쁨과 나란히 설 때 더욱 선명하게 떠오른다. 한번 그 어둠에 잠식당하면 행복한 경험마저도 가려지고, 방향 감각을 상실한 채 허둥대다 넘어지기 일쑤다. 그래서 우리는 도망친다. 내 삶 위에 칠흑 같은 암흑을 드리우지 않도록 애써 외면한다. 하지만 아무리 부정해도, 상처는 다른 얼굴로 다시 나를 찾아온다.

그렇다면 이제는 그 기억을 피하지 않고 정면에서 마주해보는 건 어떨까. 어쩌면 그것은, 잊히고 싶지 않다는 듯 과거의 내가 지금의 나에게 간절히 건네는 목소리일지도 모르기 때문이다.

부끄러운 과거의 자화상을 직면하는 일이 두려운 건, 그 안에 아직 품지 못한 내가 있기 때문일 것이다. 누구에게도 사랑받을 자격이 없다고 자책하던 때, 현실에 굴복하며 비굴하게 행동해야만 했던 순간들. 그 모든 시간 속의 자신이 너무도 처량해 보였기에, 기억 깊은 곳에 조용히 묻어두고 다시는 꺼내지 않으려 했던 것이다.

하지만 지난한 시절 속 나는 사라지지 않고, 여전히 내 안에 남아 있다. 사랑받지 못하고 보듬어지지 못한 그 자신은, 지금도 떠나지 못한 채 마음 어딘가에서 아파하고 있다.

그러니 이제는 용기를 내어 과거의 자신을 마주해야 한다. 볼품없던 모습조차도 일순간일 뿐이며, 그 시간 속의 나 역시 충분히 사랑받을 자격이 있었음을 인정해야 한다. 스스로에게 "그때는 그것이 최선이었다"고, "그 누구라도 그렇게 선택했을 것"이라고 대답해야 한다. 그리하여 잊을 수 없었던 아픔이 더는 나를 붙잡지 못하도록 하고, 그 순간들조차 삶의 한 조각으로 온전히 받아들일 수 있어야 한다.

결국, 상처의 순간은 나와 떼어낼 수 없는 불가분의 관계에 있다. 의식하든 의식하지 않든, 지금의 나를 이루는 결이 되어 있다. 이토록 아름다운 오늘이 있을 수 있는 이유는 찬란함과 비극이 함께했기 때문인 것을 잊지 말아야 할 것이다.

빛나는 순간들은 누군가가 대신 기억해 주거나, 외부로부터 조명받을 수 있다. 성공은 환희와 박수갈채 속에서 다른 이들의 입

스물다섯,
이유를 묻다

을 통해 회자되기 마련이다.

그러나 아팠던 순간들, 넘어지고 부서졌던 기억들은 그렇지 않다. 그것은 자신이 아니고서야 그 누구도 들여다보지 않는다. 그렇기에 바로 그 순간을 스스로 품고 다독여야 한다. 만약, 언제까지나 외면하고 밀어낸다면 상처는 더 깊은 곳에서 계속해서 통증을 만들어 낼 것이다.

삶은 마치 한 폭의 그림을 완성해 나가는 과정과 같다. 그리고 그림은 밝은 색만으로는 완성될 수 없다. 때로는 짙은 색조와 음영이 더해져야 전체의 균형이 잡히고, 깊이와 진정성이 깃든다. 인생도 그렇다. 차갑고 어두운 순간이 있어야 따스한 장면을 담아낼 수 있고, 아름다움을 피부로 느낄 수 있다. 그러니 우리는 생의 모든 순간을 소중히 여겨야 한다. 다양한 삶의 경험이 가져다 줄 색채를 조화롭게 꾸려나가야 한다.

그 모든 색이 어우러져 만들어 낼 절경을 기대하며, 오늘도 그 그림 위에 새로운 무늬를 더해가길 바란다.

어른이 된다는 게

    유치원에 다닐 적엔 어른의 뒷모습이 커다랗게만 느껴졌다. 어려운 문제를 척척 풀어 설명해 주고, 아이의 힘으로는 도저히 해낼 수 없는 일들도 거뜬히 해내는 그들은 마치 영웅이자 우상처럼 보였다. 그런 전지전능함을 보며, "성인이 되면 뭐든 할 수 있겠구나" 하는 막연한 기대가 마음속에 자리 잡았다. 그런데 시간이 흘러 나 역시 비슷한 나이대에 도달하고서야 알게 되었다. 어른 또한 세상이라는 무대 앞에 처음 선 불안정한 사람이었음을 말이다.
    처음에는 혼란스러웠다. 이 힘든 과정들을 살면서 마주했던 모

스물다섯,
이유를 묻다

든 어른이 정말 다 견뎌냈다는 사실이 좀처럼 믿기지 않았다. 매 순간 쏟아지는 선택과 책임을 감당하면서도 아이 앞에서는 애써 태연한 척했을지도 모른다는 생각에 마음이 먹먹해졌다. 당신들 역시 이런 감정들을 겪었겠구나 싶어, 연민의 감정이 들기도 했다. 이처럼 어른이 된다는 건 설명하기 어려운 모순을 하나씩 통과해 가는 일이다.

혹은 순수했던 자신을 잃어가는 수순 일지도 모른다. 나이가 들수록 첫눈이 내릴 때 가슴이 뛰기보단 다음날 출근이 걱정되고, 축하의 마음을 담아 건네는 선물에도 오가는 금액을 따지게 되기 때문이다. 어른의 기쁨에는 점차 값이 매겨지고, 감정을 효율과 필요의 기준 아래서 검열당한다. 낭만과 여유는 사치로 분류되며, 진심에서 우러난 행동조차 전략처럼 다루어진다.

어릴 적 품었던 순수한 기대와 이상은 현실의 벽 앞에서 점차 퇴색된다. 타협이라는 명목으로 체념하는 것에 익숙해진다. '이 정도면 됐지'라는 말로 위안 삼으며, 가능성보다는 안정에 무게를 둔다. 그렇게 점점 작아지고 무력해지며 '나'를 잃어가는 사람. 어쩌면 그것이 우리가 말하는 어른의 모습과도 닮아 있다는 생각이 든다.

하지만 그것이 진정 어른이라면, 그때의 아이는 무엇을 위해 어른들을 동경해 왔던 것일까. 왜 어른들은 아이에게 "너도 크면 할 수 있어"라며 꿈과 희망을 심어 주었던 것일까. 아무리 생각을 거듭해 보아도 정답은 쉽사리 떠오르지 않는다.

그러나 한 가지 사실은 분명하다. 그들은 흔들리고 실패하며, 때로는 무너질 것 같은 두려움에 사로잡혀도 묵묵히 자신의 길을 걸어갔다. 사랑하는 사람들을 지키기 위해, 혹은 자신의 뜻과 가치를 증명하기 위해 수없이 넘어져도 다시 일어섰다. 그런 모습이 아이들에게 영웅처럼 느껴졌던 것은 아닐까. 그렇다면 어른이 된다는 것은 완벽한 사람이 되는 것이 아니라, 불완전함 속에서도 삶을 이어가는 용기를 배우는 과정일 것이다.

따라서 어른이 되어간다는 것은, 단지 무언가를 잃어가는 상실의 과정만은 아닐 것이다. 오히려 그것은 삶의 크고 작은 난관 앞에서도 멈추지 않고, 저마다의 방식으로 답을 찾아가는 긴 여정이라 할 수 있다. 아이였던 나와 어른이 된 내가 다르면서도 같다는 사실을 받아들이고, 스스로에게 너그러워지는 법을 배워가는 일일 수도 있겠다. 그 모든 시간을 통과하며, 잃어버렸다고 믿었던 자신 안에서 다시 새로운 가능성을 발견해 나가는 걸음인 것이다.

결국 어른이 아이에게 꿈을 건넨 이유는, 자신들 역시 여전히 믿고 싶은 희망을 담아 보낸 것이었는지도 모른다. 그 희망은, 다시 스스로를 다독이고 일어서게 하는 또 다른 이유가 되어 오늘을 살아가는 힘이 되었을 것이다. 그렇게 삶의 무게를 견디며 묵묵히

스물다섯,
이유를 묻다

걸어온 길 위에 남긴 작은 흔적들이 어느새 다음 세대의 길잡이가 되고, 꿈이 되었을 것이다.

  어른은 더 이상 어린아이처럼 순수한 기대감만으로 세상을 바라볼 수 없다. 자신의 삶을 책임져야 한다는 사실은 결코 가볍지 않기 때문이다. 그러나 그렇다고 해서 삶의 아름다움이 송두리째 사라지는 것은 아니다. 하루 속에서 소소한 기쁨을 발견하고, 자신이 선택한 길에서 의미를 찾아가며 살아간다면, 아이가 느끼는 단순한 설렘과는 또 다른, 더 깊고 단단한 형태의 행복을 누릴 수 있을 것이다.

  완벽하지 않아도 괜찮다는 것을 받아들이는 일. 그 불완전함 속에서 희망을 발견하고 삶의 작은 순간을 사랑하는 일. 무언가를 이뤘기 때문이 아니라 그저 살아있다는 이유만으로도 자신을 인정해 주는 일. 그렇게 함으로써 진짜 어른에 한 발짝 가까워지길 바라본다.

아이처럼

　책임과 규칙으로 얽혀 있는 사회를 살다 보면 시야는 점점 좁아지고, 무언가를 있는 그대로 바라보는 순수함을 잃어버린다. 끊임없이 상황을 판단하고 해석하며, 머릿속 계산기를 두드리는 일에 익숙해진다. 손해를 보지 않기 위해 '왜 그래야 하지?'같은 질문을 반복하고, 사소한 장면들에조차 의미를 덧씌운다. 그러다 보니 나이가 들수록 스스로를 갉아먹는 고민과 상념에 빠지기 십상이다. 그런데 문득 아이들의 자유로운 모습과 순백한 행동을 마주할 때면, 어쩌면 중요한 무언가를 놓치고 있는 것이 아닐까 하

스물다섯,
이유를 묻다

는 생각이 스친다.

아이들은 한순간도 가만히 있지 않는다. 잠시 눈을 돌리면 어느새 엉뚱한 곳에 올라가 있거나, 예기치 못한 질문으로 어른들을 당황하게 만든다. 온몸의 감각으로 세상을 느끼고, 눈앞의 대상에 몰입한다. 편견과 선입견 없이 대상을 바라보며, 생각보다는 마음이 먼저 움직이는 대로 행동한다. 물론 이런 모습은 어른들에게 번거로움을 안기기도 한다. 하지만 복잡한 생각을 헤매던 이들에게는 뜻밖의 영감을 선사해줄지도 모른다.

이를테면, 별다른 이유 없이 웃음을 터뜨리는 아이들의 모습은 행복의 본질을 다시금 떠올리게 한다. 어른들은 행복에 늘 특정한 기준을 부여한다. 학벌, 직업, 연봉, 배우자, 명성 같은 외부적 조건들이 행복의 이름표처럼 따라다닌다. 그러나 아이들의 웃음은 말해준다. 행복이란 조건이 아니라, 순간의 감각에서 피어나는 것임을 말이다.

인간관계에서도 마찬가지다. 아이들은 사람을 사귐에 있어 복잡한 이해관계를 따지지 않는다. 함께 웃고, 놀고, 시간을 나눌 수 있다면 그것만으로도 친구가 되기에 충분하다. 반면 어른들은 관계의 시작부터 셈이 앞선다. 손익을 따지고, 마음의 벽을 높이 세운다. 가까운 사이로 남기 위해선 상대가 품고 있는 기대를 충족시켜야 하고, 그것에 미치지 못할 때 관계는 삐걱거리기 시작한다. 공들여 쌓아 올린 신뢰가 한순간에 금이 가고, 함께 웃던 시간보다 잃게 될 것부터 떠오르기도 한다.

　이처럼 어른의 관계는 친밀함이란 이름 아래 의무를 동반하며 짐을 지운다. 그 결과 관계는 점차 피상적이고 형식적인 틀 안에 갇히게 된다. 그러나 아이들의 모습은 일러준다. 관계는 이익이 아니라 진실한 교감에서 비롯된다는 사실을 말이다.

　아이들은 또 아프면 아프다고 솔직하게 이야기한다. 아픈 만큼 울고, 울음을 통해 통증을 밖으로 흘려보낸다. 반면 어른은 아프면서도 말하지 않고, 아무렇지 않은 척하며 고통을 삼켜낸다. 책임과 체면을 핑계 삼아, 참는 것이 어른스러움이라 여긴다.

　그러나 시간이 지날수록 상처는 깊게 곪아가고, 결국에는 더 큰 고통으로 되돌아온다. 그렇게 어른들은 점점 더 자신을 고립시키고, 누구에게도 손 내밀지 못한 채 무너지기도 한다. 과연 그러한 모습이 진정한 어른다움과 성숙함이라 말할 수 있을지는 모르겠다.

　아이들은 눈에 보이는 모든 것에 호기심을 품고 거리낌 없이 다가간다. 반대로 어른들은 자신의 경험, 편견, 사회적 통념을 바탕으로 하나의 '거름망'을 만들어낸다. 그 필터를 통과한 정보만을 선별해 받아들이려 한다. 그것은 상처받지 않기 위한 일종의 방어기제일 것이다.

스물다섯,
이유를 묻다

하지만 그 거름망은 때로 본질을 흐리게 하는 가림막이 되기도 한다. 걸러진 정보에만 의존하다 보면 자의적인 해석과 판단이 쌓이고, 단순한 진실조차 불필요하게 복잡해질 수 있기 때문이다. 물론 메시지가 표면 너머의 뜻을 내포할 때도 있다. 그러나 애초에 존재하지 않는 뜻을 억지로 끌어내거나, 지나치게 깊이 파고들어 오해와 갈등을 만드는 것이 온당한 처사는 아닐 것이다.

아이들의 행동과 태도는 우리가 잊고 지낸 가치를 되새겨보게 한다. 그들의 행복은 어떤 기준이나 성취로 규정되지 않는다. 관계는 계산이 아니라, 함께하는 순간의 즐거움에서 만들어진다. 진실은 복잡한 논리나 해석이 아니라, 표면에 있는 정보를 그대로 받아들이는 데서 발견된다. 그들의 순수한 모습은 솔직함 속에서 삶의 본질을 찾으라는 메시지를 전한다.

결국, 행복은 까닭 없는 천진난만한 웃음 속에 존재한다. 관계는 이해득실을 따지지 않고도 깊어질 수 있다. 편견을 걷어낸 시선에서 진실의 꽃이 피어난다. 그렇게 아이처럼 사는 건, 가장 단순하면서도 가장 완숙한 삶의 방식일지도 모른다.

세상의 복잡함 속에서도 본질을 잃지 않고 살아가기를. 모든 이들이 아이처럼 자유롭고 투명한 마음으로, 잃어버린 가치를 다시 품고 살아가기를 꿈꿔본다.

한 그루의 관목이 될지언정

문득, 하루하루를 버티는 것조차 버겁게 느껴질 때가 있다. 태어난 김에 사는 거라지만, 그 말 한마디로 비루한 삶을 위로하기에는 턱없이 부족해 보인다. 한때는 내게도 주어진 소명이 있다고 믿었다. 세상 속에서 나만의 역할이 있을 거라 여겼고, 그 요원한 목표를 이루기 위해 열심히 살아야 한다고 생각했다. 그러나 시간이 흐를수록 그런 사명은 저 위에서 빛나는 소수의 사람들에게만 허락된 은총처럼 느껴진다. 나 같은 사람에게는 애초에 허락되지 않은 이야기일지도 모르겠다. 그래도 여전히 나는 '나'의 까닭을

스물다섯,
이유를 묻다

되묻고, 또 되물어본다.

특별한 이유를 찾을 수 없음에도 구태여 질문을 던지는 건, 아마 하루를 견뎌낼 당위성이 필요해서일 것이다. 내가 심어 둔 작은 노력의 씨앗이 언젠가 한 그루 나무로 자라기를 바라는 마음일지도. 혹은 거대한 거목이 되어 풍성한 열매를 맺고, 시원한 그늘을 제공하길 바라는 소망일 테다.

그렇기에 지금 결과가 나오지 않는 것은 아직 씨앗이 땅속에 묻혀 있기 때문이라고 믿고 싶었던 것 같다. 머지않아 뿌리가 땅을 뚫고 솟아오를 것이고, 희망의 싹을 보여줄 것이라고 스스로를 다독이면서 말이다.

하지만 안타깝게도, 모든 노력의 씨앗이 고목이 될 수 있는 것은 아니다. 어떤 나무는 성장 도중 꺾이기도 하고, 태풍과 비바람에 흔들려 뿌리를 내리지 못할 것이기 때문이다. 언덕 위를 바라보며 큰 나무가 되기를 꿈꾸어도, 도로변의 작은 관목으로 남게 될 수도 있다. 끝내 오랜 인고의 시간을 견디고 열매를 맺는다 한들, 그 열매가 탐스럽지 않을지도 모른다.

그러나 꿈꾸던 거목이 되지 못했다고 해서, 또는 탐스러운 열매를 맺지 못했다고 해서 그 나무가 무의미하거나 실패했다고 단정 지을 수는 없다. 나무는 그저 존재하고 있다는 사실만으로도 충분한 의미를 품고 있다. 태풍에 쓰러진 나무는 쉼터를 제공하고, 열매를 맺지 못하는 나무는 땅속에 뿌리를 내려 흙을 지키고 작은 생명들의 안식처가 된다. 그늘을 드리우지 못하는 작은 초목조차 지나가는 이들에게 싱그러움을 선사하고, 길가에 아름다움을 더한다.

이처럼 모든 나무는 각자의 자리에서 저마다의 방식으로 세상에 기여하며, 존재의 이유를 증명해 보인다. 그러니 내가 심은 노력의 씨앗이 울창하게 자라지 못한다고 해서 그것이 나의 부족함이나 실패를 뜻하지는 않을 것이다. 세상이 다양한 모습의 나무들로 이루어져 있듯, 내가 기울인 노력 역시 고유한 형태로 세상에 스며들고 있을 테니 말이다.

실은, 그것이 지금의 환경 속에서 빚어진 가장 이상적인 형태일지도 모른다. 예컨대 키가 작은 관목은 땅에 바짝 붙어 자라기에, 거센 바람에도 쉽게 꺾이지 않는다. 낮은 키는 생존을 위한 전략이자, 자신의 자리를 지키는 방식인 것이다. 선인장도 마찬가지다. 척박한 땅과 이글거리는 태양 아래에서 살아남기 위해, 두껍고 단단한 몸통을 만들고 잎 대신 날카로운 가시를 품는다.

이러한 나무의 다양한 형상은 생존의 방식이 결코 하나로 수렴되지 않음을 보여준다. 따라서 지금 내 삶의 모양새 또한 상황이 허락한 한도 내에서 최선을 다한 결과물일 것이다.

결국 삶의 의미는 거대한 성취뿐 아니라, 작고 조용한 자리에

스물다섯,
이유를 묻다

도 깃들어있다. 그러니 나만의 방식으로 세상을 아름답게 물들이는 나무가 되어보는 것은 어떨까. 그 어떤 모습으로 자라든 스스로를 부끄러워하지 않으며 살아가고 살아낸다면, 그 자체로 빛날 수 있을 것이다.

삶은 거대한 숲과 같다. 그리고 울창한 숲은 장대한 나무들만으로 이루어지지 않는다. 그 아래에는 발끝에 채이는 작은 풀 한 포기, 이름도 모를 들꽃 한 송이가 공존하고 있다. 비에 젖은 이끼, 바위틈을 타고 흐르는 가느다란 뿌리들까지도 숨을 쉬고 있다. 그렇게 각자의 자리에서 기울인 형형색색의 노력들이 모여, 조화로운 한 폭의 풍경화를 완성해낸다.

가장 높은 곳의 수목조차, 그 곁에 함께하는 존재들이 없었다면 빛을 온전히 발하지 못했을 것이다. 그늘 아래 자라난 덤불과 넝쿨, 풀이 있었기에 거목의 뿌리는 단단히 버틸 수 있었고, 바람에 쓰러지지 않을 균형을 얻었는지도 모른다. 그러니 그저 거대한 나무를 바라보며 자신을 초라하게 여길 필요는 없다. 우리는 이미 각자의 자리에서 숲의 아름다움을 완성하는 일부로 살아가고 있을 것이다.

절대다수의 이야기

스마트폰을 켜면 어김없이 자수성가한 부자, 디지털 노마드, 파이어족 같은 성공한 사람들의 모습이 눈에 들어온다. 그들의 삶은 마치 꿈처럼 빛나 보이고, 자유와 무한한 가능성으로 가득 차 있는 듯하다. 그러나 곰곰이 생각해 보면, 그런 경우는 정말 극소수에게만 해당되는 예외일 것이다. 그런데도 이상하게 SNS 속 세상은 성공 신화와 플렉스로 넘쳐난다. 이는 아마도 알고리즘이 관심을 가장 많이 끌 만한 장면만을 선별해 보여주기 때문일 것이다.

사람의 시선은 본능적으로 평범함보다는 이색적이고 비일상적

스물다섯,
이유를 묻다

인 것에 끌리기 마련이다. 특별한 경험이나 극적인 순간은 자연히 호기심을 자극한다. 실제로 경험하기 어려운 일들이기에, 영상을 통해 간접적으로나마 체험하고 나름의 대리만족을 얻고자 한다. 문제는 이처럼 비현실적인 장면들이 반복적으로 소비되면서 그것이 마치 '일상의 표준'처럼 인식된다는 데 있다.

환상의 세계에서 나와 자신의 일상으로 시선을 돌리는 순간, 유난히 초라하게 느껴진다. 가성비 좋은 상품을 찾으려고 어플을 뒤적이고, 몇십 원이라도 아끼려 포인트를 꼼꼼히 적립하며, 할인쿠폰이 붙은 저가 커피 한 잔에 만족하던 일상이 하찮게 여겨진다. 소소한 절약이 생활의 지혜라고 믿어왔지만, 그 모든 것이 궁색한 몸부림처럼 보일 뿐이다. 반짝이는 성취와 특별한 순간들에 압도되어 주눅이 들고, 말로 설명하기 힘든 열패감이 마음속 깊은 곳에서 스멀스멀 올라온다.

그러나 세상의 절대다수는 그렇게 빛나는 순간을 늘상 누리지 않는다. 예컨대 출퇴근 시간대 지하철 안 빼곡히 들어찬 사람들의 무표정한 얼굴. 점심시간이면 편의점 구석에서 유튜브를 틀어놓고 도시락을 먹는 모습. 아무도 좋아요를 누르지 않을 법한 일상들. 그런 장면들이야말로 우리가 살아가는 풍경에 더 가까울지도 모른다.

그래서일까. 처량한 삶을 위로하기 위해 가장 화려한 장면만을 골라 SNS에 업로드한다. 마치 쇼윈도처럼 빛나는 순간들을 정교하게 전시한다. 그 뒤편에는 먼지 쌓인 진열장, 닦이지 않은 유리, 빛바랜 물건들처럼 꾸며지지 않은 현실이 조용히 숨어있다.

 그런데 내 삶의 민낯을 감추기에 바쁜 탓인지, 우리는 타인의 쇼윈도 너머에는 좀처럼 관심을 두지 않는다. 눈 앞에 펼쳐진 광휘한 장면이 곧 그들의 전부라고 믿어버린다. 물론 보이지 않는 생의 이면까지 굳이 들춰볼 필요는 없을 것이다. 하지만 진열대에 놓인 반짝임만을 보고 자격지심에 휩싸이거나, 스스로를 깎아내리는 것이 온당한 태도는 아닐 것이다. 따라서 화려함 뒤편에는 누구나 감추어진 현실이 있다는 사실을 잊지 말아야 할 것이다.

 절대 다수의 이야기는 지극히 평범한 순간들로 채워져있다. 물 흐르듯 흘러가는 단조로운 날들, 반전도 스릴도 없이 조용히 지나가는 시간 속에 고요히 숨 쉬고 있다. 매일 아침 알람 소리에 피곤한 몸을 일으켜 익숙한 일터로 향하고, 늘 보던 얼굴들과 인사를 나누며, 정해진 시간에 끼니를 챙기는 그 반복 속에 깃들어 있다. 하지만 그런 시간에는 좀처럼 애착이 가지 않는다. 그저 하루를 살아냈다는 사실 외에는 어떤 이유도, 의미도 느껴지지 않는다. 굳이 기억할 필요조차 없어 보인다. 그렇지만 일상을 사랑하지 않는다는 건, 결국 내 인생의 대부분을 부정하는 일일지도 모른다. 찰나에 불과한 특별함만을 좇다가 생의 과반수를 허투루 날리기

스물다섯,
이유를 묻다

때문이다. 그건 마치 요플레 뚜껑만 핥아먹고 버리는 일, 혹은 고등어 껍질만 골라 먹다 망한 양반처럼, 삶의 껍데기만 붙잡고 알맹이는 흘려보내는 것과 다르지 않다.

그러니 타인의 진열대와 자신의 매일을 비교하기보다, 그 이면에 감춰진 평범함을 보려는 태도가 필요하다. 일상이 우리에게 건네는 의미와 행복을 스스로 발견할 수 있어야 한다. 그 의미는 크거나 거창하지 않아도, 빛나고 화려하지 않아도 괜찮다. 무엇이 되었든, 소셜 미디어 속 반짝이는 순간에 시선을 빼앗겨 내 삶을 깎아내리는 것보다는 나을 테니 말이다.

우리는 타인의 시선과 비교 속에서 자신을 판단한다. 그 안에서 진척도를 가늠하고, 살아온 시간에 점수를 매기기도 한다. 하지만 삶의 본질적인 가치는 외부로부터 평가받을 수도, 재단될 수도 없다. 내 삶의 점수는 누군가의 좋아요 개수로 결정나는 것이 아님을 기억해야 한다.

평범함이 없다면 아름다움도 존재할 수 없다. 꽃이 피는 찰나가 눈부신 건, 오랜 기다림과 조용한 시간이 있었기 때문이다. 인생의 꽃이 피어날 그날을 위해, 오늘 하루를 다정히 품어주길 바란다.

그날의 약속

생이 시작되는 순간과 함께 관계의 역사도 시작된다. 어떤 이는 오랜 시간 곁에 머물며 서로에게 깊숙이 스며들고, 또 어떤 이는 각자의 길을 향해 나아가는 과정에서 서서히 멀어진다. 그렇게 우연처럼 다가와, 필연처럼 머물다, 홀연히 사라지는 사람들을 마주하다 보면, 삶은 결국 관계로 빚어지는 서사가 아닐까 싶은 생각이 든다.

그러다 가끔, 잊고 지냈던 누군가가 불현듯 떠오른다. 지금쯤 어떻게 지내고 있을지 괜스레 궁금해지지만, 구태여 연락을 취하

스물다섯,
이유를 묻다

진 않는다. 대신 함께했던 시간 속에서 오갔던 대화를 조용히 떠올리며, 여운을 달래본다.

한때 우리는 밤을 지새우며 진솔한 이야기를 나누었다. 당신은 내가 위축되어 있을 때마다 나의 좋은 점들을 일깨워 주며 진심 어린 격려를 건넸다. 내가 스스로 믿지 못했던 가능성을 신뢰했고, 그 믿음은 큰 용기가 되어 주었다. 우리는 서로의 아픔을 꺼내 놓기도 했다. 감당하기 벅찬 무게를 안고 있으면서도 위로를 나누었고, 마음을 어루만져 주었다.

그러던 어느 날, 우리는 각자의 길을 걷게 되었다. 자주 연락하자던 다짐도 시간이 지나며 자연스레 잊혀졌다. 그건 누구의 잘못도 아니었다. 오히려 서로를 깊이 이해했기에, 선택을 존중하며 떠날 수 있었던 것일지도 모른다. 그렇게 멀어진 사이는 새로운 관계와 기억으로 채워졌고, 각자에 대한 흔적은 세월 속에서 점차 옅어져 갔다.

그렇지만 이따금 당신을 떠올린다. 이제는 다시 마주할 수 없을지도 모르지만, 어느 밤 나눴던 말들 속에 담긴 꿈과 바람은 마음에 고스란히 머물러있기 때문이다. 그것은 오늘까지 내게 이루고 싶은 약속이자, 살아가는 이유로 자리매김했다.

나는 지금도 당신이 발견해 준 빛을 키워가고 있다. 당신이 건넨 따뜻한 말에 담긴 온기는 흔들림 없이 걸어갈 수 있도록 이끌어 주는 등불이 되었다. 불씨를 따라가다 언젠가 다시 마주친다면 당신에게 부끄럽지 않은 사람이 되어 있기를 바란다. 혹여 재회하지 못하더라도, 당신과 나눴던 약속을 지키며 그 시간에서 배운 의미를 삶으로 실천하고자 한다.

우리는 저마다의 방식으로 누군가와의 언약을 간직하며 살아간다. 어떤 서약은 시간이 흘러도 선명하게 마음속에 남아, 마치 오래된 엽서처럼 추억의 한 장면을 떠올리게 한다. '그때 그랬었지' 하며 함께 공유했던 감정과, 아름다웠던 시절의 빛나는 순간들이 피어오른다. 반면 어떤 다짐은 책임감이라는 무게로 다가오기도 한다. 누가 강요한 것도 아닌데, 반드시 지켜야 하는 원칙처럼 느껴진다. 그것이 때로는 삶을 이끄는 힘이 되기도 하지만, 의무감에 속이 얹히기도 한다.

그러나 어떤 형태이든, 모든 약속은 삶의 어딘가에 고요히 스며들어 있다. 그것들을 지키기 위해 애쓴 시간들이 차곡차곡 쌓이여 내가 살아온 이야기가 된다. 이제는 다짐의 당사자가 기억하지 못한다 해도, 여전히 의미를 품은 채 살아간다.

그때의 흔적을 삶의 태도로 녹여내려는 노력은, 관계를 단순한 기억이 아닌, 오늘을 살아가는 방식으로 이어가려는 시도이기도 하다. 그렇게 살아간다면 기억은 흐릿해질지라도, 그 마음은 언제까지나 살아 있을 것이다.

스물다섯,
이유를 묻다

물론 모든 약속을 지키며 살아갈 수는 없다. 때로는 그 뜻을 다하지 못해 부끄러움을 느끼고, 죄책감에 사로잡힐 수도 있다. 어쩌면 나 자신에게조차 실망할지도 모르겠다. 하지만 그 마음을 잊지 않는다면, 그리고 그 안에서 삶의 방향을 되묻고 배울 수 있다면, 약속은 실패로 남지 않을 것이다.

결국 약속은 단지 옛 시절의 인연에만 머무르지 않는다. 그 사람이 곁을 떠난 이후에도, 함께 나눴던 말과 마음은 지금의 나를 지탱해 주는 기준이 된다. 약속은 더 이상 과거형이 아닌, 현재를 살아가는 방식이 되는 것이다.

우리는 오늘도 서로의 삶에 마음의 증표를 남긴다. 그 표식은 법적 구속력이 있는 계약도 아니고, 지키지 않는다고 하여 누군가가 책망하는 일도 없다. 하지만 마음에서 마음으로 건너간 진심의 조각을 외면하지 않을 때, 그 파편은 삶의 어느 순간에서 빛을 발하게 될 것이다.

언젠가 그 빛이 당신에게 도달하길. 그리고 그 순간, 나를 한 번 더 기억해주길 바란다.

남기고자 하는 마음

　사람은 다양한 형태로 삶의 단면을 조명하고 그것을 남기려고 한다. 누군가는 음악의 선율로 감정을 표현하고, 누군가는 사진이나 그림을 통해 눈으로 포착한 순간을 기록하며, 또 누군가는 글로써 생각을 담아내고자 한다. 결국, 우리는 모두 저마다의 방식으로 자신의 존재와 흔적을 세상에 남기고자 하는 본능을 가지고 있다. 그렇게 함으로써 삶의 의미를 확장하고자 한다.
　한편, 자녀를 가지려는 마음 역시 같은 맥락에서 바라볼 수 있지 않을까 생각 든다. 자식은 단순히 부모의 연장선이 아니라, 부

스물다섯,
이유를 묻다

모의 과거와 현재, 그리고 미래를 동시에 비춰주는 거울 같은 존재이기 때문이다.

가령 나와 빼닮은 아이의 얼굴을 보며 부모는 자신의 어린 시절을 떠올리거나 배우자의 유년기를 엿보는 특별한 경험을 할 수 있다. 또한, 자녀가 성장하는 과정에서 부모는 아이가 만들어 갈 미래를 상상하기도 한다. 그리고 그 상상은 아이의 삶에만 머무르지 않는다. 부모는 자녀를 통해 앞으로 어떤 어른이 되어야 할지를 되묻고, 그에 걸맞은 태도로 오늘을 살아가려 노력하기 때문이다.

그렇기에 부모와 자녀는 단순히 외형적인 유사성만이 아니라, 가족이라는 유대 속에서 공유되는 삶의 이야기를 이어주는 관계라고 할 수 있다. 즉, 부모에게 자녀는 자신의 흔적이 남아 있기를 바라는 마음의 표상이자, 새로운 의미와 목표를 제시해 주는 존재인 것이다. 하지만 부모가 자녀에게 무언가를 남기고 싶어 하는 그 마음이 잘못 전달되어, 오해와 갈등이 불거지기도 한다.

부모는 자녀가 더 나은 미래를 살아가길 바라며 시간과 돈, 그리고 애정을 아낌없이 쏟는다. 그럼으로써 아이가 올바르게 자라나길 바란다. 그러나 그것이 강압의 형태로 전달될 경우, 아이는 부담을 느낀다.

또한 부모의 기대와 희망이 자녀의 삶에 그대로 투영될 때, 아이는 의문을 품게 된다. 왜 당신들이 이루지 못한 꿈을 나에게 맡기려 하는 걸까. 그 꿈은 정말 나를 위한 것일까. 혹시 당신들의 아쉬움을 덜어내기 위해, 나를 하나의 수단으로 여기고 있는 것은 아닐까 하는 생각이 스멀스멀 피어오른다.

특히 그런 의구심은 '나는 누구인가'에 대한 자각과 맞물리며 더욱 깊어진다. '부모의 자녀'로 기대되는 모습과, '나 자신'으로서 살아가고 싶은 방향 사이에서 균열이 생기기 시작하는 것이다. 그 틈은 점차 벌어지고, 그 사이로 오해와 서운함이 비집고 들어온다. 결국 사랑이라는 이름으로 건넨 바람은 갈등으로 비화된다.

아울러 아이를 기대와 이상 속에 가두게 되면, 자녀는 점차 스스로 삶의 길을 탐색하고 결정하는 감각을 잃어간다. 그 대신 타인의 기준에 자신을 조율하는 데 익숙해지면서, 점점 자신의 꿈과 가능성은 뒷전이 된다. 그렇게 길들여지면 '내가 누구인지'보다는 '누구로 보이길 원하는지'에 몰두하며 살아가게 될지도 모른다.

물론, 불안감이 들 수 있다. 손을 놓는 순간 다른 방향으로 엇나가진 않을지, 잘못된 선택으로 인해 상처받지는 않을지 염려되기도 한다. 그래서 더욱, 자신이 걸어온 길을 '안전한 길'이라 여기며 자녀에게 권하고픈 마음이 든다. 하지만 과연, 타인의 기대에 부응하기 위해 살아가는 삶이 아이를 진정으로 행복하게 만들어 줄 수 있을지는 의문이다.

무엇보다 선택이 타의에 의해 이루어진 것이라면, 결과가 기대

스물다섯,
이유를 묻다

에 미치지 못했을 때 원망으로 돌아올 수 있다. 스스로 원인 제공자가 아니라 믿게 되면, 책임의 화살은 외부로 향하기 마련이다.

그러니 아이가 온전히 자신의 선택을 할 수 있도록, 옆에서 조용히 지지해 주는 것은 어떨까. 방향을 정해주기보다 여러 갈래의 길을 보여주고, 그 안에서 스스로 고를 수 있도록 돕는 것이다. 처음엔 그 선택이 험난하고 비효율적으로 보일 수 있다. 그러나 그 모든 과정을 감내하며 스스로 일군 텃밭에서 피어난 열매를 마주한다면, 더 깊은 의미와 기쁨을 발견하게 될 것이다.

그럴 때 비로소, 결과와 상관없이 삶의 충만함과 행복이 깃든다. 자신의 삶을 직접 개척한다는 자각은 외부의 어떤 목소리보다 강한 원동력이 되며, 진짜 성장은 바로 그 지점에서 시작된다. 스스로의 능력과 한계를 이해하고, 균형을 도모할 수 있기 때문이다. 그렇게 아이는 부모의 삶을 모방하는 데 그치지 않고, 자신만의 고유한 존재로 살아갈 것이다.

이는 부모에게도 이전에 보지 못했던 세상을 새롭게 경험하는 계기가 될 수 있다. 자신과 다른 선택을 내린 자녀가 살아가는 모습을 통해 세상에 더 많은 가능성이 있음을 깨달을 수도 있다. 자신이 걸어온 길만이 유일한 답이 아니라는 것을 보며, 다양한 삶의 형태와 가치를 존중하는 법을 배울 수 있을 것이다. 그렇게 된다면 자녀가 독립적으로 만들어가는 삶의 이야기는 부모에게도 배움과 성찰의 기회가 될지도 모른다.

결국 부모가 자녀에게 남길 수 있는 가장 큰 유산은 스스로 살아갈 수 있는 용기와 자유일 것이다. 부모와 자녀가 서로를 비추는 거울이 되어, 각자의 삶을 더 다채롭고 풍요롭게 만드는 것이다. 어쩌면 그것이야말로, '남기고자 하는 마음'의 본질일지도 모르겠다.

그 마음은 기억을 잇는 마음이며, 행복을 결속하는 마음이다. 그리고 연결은 말보다 삶으로 전해진다. 자녀는 부모의 태도를 통해 사랑을 배우고, 부모 역시 자녀의 선택을 통해 의미를 발견한다.

남기고자 하는 마음이 진정한 가치를 지니는 순간은, 그것이 강요가 아닌 존중의 형태로 전해질 때, 그리고 사랑이 자유롭게 흐를 수 있을 때임을 언제까지나 잊지 않았으면 좋겠다.

그 누구보다도, 나 자신이.

스물다섯,
이유를 묻다

죽음의 날

명절이면 큰집에서 제사를 지내던 때가 떠오른다. 맛있는 음식 냄새와 북적이는 사람들로 마루가 시끌벅적하고, 웃음소리로 가득했던 풍경이 눈앞에 아른거린다. 이제는 그런 장면도 기억 속에서만 머무는 추억이 되어버렸지만 말이다.

그러다 문득, 왜 조상님이 탄생한 날이 아니라, 돌아가신 날에 차례를 지내는 걸까 하는 막연한 궁금증이 들었다. 사랑하는 이를 떠나보낸 일은 슬픔과 비통함으로 가득한 기억일 텐데, 그런 날 온 가족이 모여 상을 차리고 담소를 나눈다는 건 어쩐지 모순처럼 느껴졌기 때문이다.

 알아보니 이는 유교적 사유에서 비롯된 관습으로, 죽음을 '삶의 완성'으로 바라보는 인식과 연관되어 있다고 한다. 생(生)이 삶의 시작이라면, 사(死)는 그 여정의 마무리이며, 동시에 사후 세계로 들어서는 문턱이 된다는 해석이다. 그런 연유로 제사는 돌아가신 날에 지내게 되었고, 먼저 간 이들의 평안을 비는 의식으로 이어졌다고 한다.

 이러한 시선은 죽음을 단순한 상실로만 여기지 않고, 한 사람의 삶 전체를 되돌아보며 마지막 순간까지 품위 있게 기억하려는 태도를 보여준다. 그런데 놀랍게도, 죽음을 재해석하려는 시도는 지구 반대편의 문화권에서도 찾아볼 수 있다.

 멕시코에는 '죽음의 날(Día de los Muertos)'이라는 전통 축제가 있다. 매년 11월 1일과 2일에 걸쳐 열리는 이 의례는 이제 멕시코 전역에서 가장 큰 연례 문화 행사로 자리 잡았다. 이날은 죽음에 대한 경직된 관념의 틀을 깨고, 그것을 삶과 어우러진 하나의 자연스러운 흐름으로 바라보게 한다.

 죽음의 날은 엄숙하거나 침울한 분위기 대신, 화려하고 활기찬 축제의 장으로 펼쳐진다. 설탕으로 만든 해골 사탕에 살아 있는 사람의 이름을 적는 풍습은, 삶과 죽음이 서로 맞닿아 있다는 인식을 은유적으로 이야기한다. 마스코트인 '라 카트리나(La

Catrina)'는 죽음 앞에서 모두가 평등하다는 메시지를 전하며, 죽음의 민주성을 풍자적으로 드러낸다.

멕시코인들은 이날을 통해 먼저 세상을 떠난 이들을 기리되, 슬픔보다는 감사와 축복의 마음으로 추억한다. 남겨진 사람들과는 사랑과 우정을 나누며, 함께할 수 있는 이 순간을 더욱 소중히 여긴다. 그들에게 죽음은 단절이 아니라, 또 다른 삶의 얼굴로 받아들여진다.

이처럼 죽음을 단순한 비극으로만 치부하지 않고, 하나의 의미로 승화하려는 태도는 그 본질에 대해 다시 생각하게 만든다. 끝이나 소멸이 아닌, 삶의 연장선이자 긴밀하게 연결된 순환의 과정으로 인식하게 한다.

물론 죽음의 그림자가 스쳐가는 순간엔 두려움이 엄습한다. 자신의 역사 또한 언젠가 끝을 맞이할 수밖에 없다는 사실은, 그 자체로 불편하다. 아무리 많은 것들을 이루고, 사랑하며 살아간다 해도 결국엔 '없어지는 존재'로 마무리된다는 생각은, 말로 형용하기 어려운 감정을 불러일으킨다. 하지만 아이러니하게도, 우리는 그 그림자 속에서 삶을 더 또렷하게 인식하게 된다. 죽음이 도리어 생의 의미를 되묻게 하고, 선명하게 비춰주는 것이다.

죽음은 인생의 동굴 끝, 깊숙한 곳에 웅크린 어둠이 아니다. 오히려 그것은 삶의 대척점에 놓인 거울과 같다. 그래서 우리는 삶 속에서 죽음을 배우고, 준비할 수 있을지도 모른다. 그렇기에 그 끝이 두렵거나 허무하지 않게 하기 위해서는, 오늘이라는 시간 속에서 무엇을 남기며 살아가고 있는지 스스로 묻고 답해야 한다.

또한 떠난 이들의 부재가 슬픔과 무력감만으로 채워지지 않도록, 그들이 남긴 흔적을 소중히 간직해야 한다. 사랑과 기억은 눈에 보이지 않지만, 여전히 우리 안에 녹아있기 때문이다. 그러니 그 마음을 잘 품어내어, 곁에 있는 이들에게 건넬 수 있길 바란다. 전해진 마음은 누군가의 삶에 온기를 불어넣고, 또 다른 날의 희망이 될 것이다. 삶은 그렇게 이어지고, 또 이어진다. 우리 모두가 누군가의 끝에서 출발했고, 또 누군가의 시작이 되었듯이.

유한한 삶 속에서, 무한한 다정함을 나눌 수 있기를 바란다.

스물다섯,
이유를 묻다

지금, 자신의 시간

 힘든 하루를 보내고 나면 습관처럼 스마트폰 갤러리를 들여다본다. 지나간 나날들이 고스란히 저장되어 있는 그곳을 뒤적이다 보면, 대화 캡처 하나에 피식 웃음이 새어 나오고, 다정하게 찍힌 사진 한 장에 콧날이 시큰해지기도 한다. 그렇게 하나둘 넘기다 보면, 지나간 시절의 장면들이 삶의 고단함을 잠시 잊게 해주는 일종의 감정적 환각을 불러일으킨다. 마치 짧은 여행을 다녀온 듯, 피로가 조금은 풀린다.
 그러나 추억에 취해있는 것도 잠시, 곧장 캘린더를 열어 다음날

할 일을 확인한다. 화면 가득 빼곡한 일정이 나를 다시 재촉한다. 하루를 어떻게든 버텨낸 자신을 다독일 틈도 없이, 내일을 준비하는 일로 마음을 다잡는다. 이렇게 과거를 회상하고, 미래를 계획하는 사이 현재는 자연스럽게 소외된다. 오늘은 마치 아무런 의미도 없이 흘러가는, 그저 지나가기 위한 통로처럼 여겨진다. 아이러니하게도 인간은 오직 지금이라는 시간 속에서만 존재하고 있음에도 말이다.

우리는 모두 오늘을 살아간다. 물론, 저마다의 오늘은 서로 다른 시간대를 유영하고 있다. 누군가에게는 이제 막 세상에 첫걸음을 내딛는 시작 지점일 수 있고, 다른 누군가는 한 시기를 마무리하는 끝자락일 수 있다. 어떤 이에겐 평탄한 하루였겠지만, 또 다른 이에게는 일생일대의 결정을 내려야 했던 날로 기억될지도 모른다. 우리는 이토록 각기 다른 하루를 살아간다.

하지만 모든 이의 시간은 예외 없이 미래를 향한 일방통행이다. 누구도 지나간 과거로 되돌아갈 수 없고, 한 번 내린 선택은 번복할 수 없다. 동시에, 앞으로 어떤 미래를 마주하게 될지는 누구도 단언할 수 없다. 이처럼 어제는 불가역적이고 내일은 불확실한 영역이다.

반면, 이 순간은 오직 자신의 선택과 행동으로 채울 수 있다. 오감으로 느끼고 경험하는 모든 찰나가 지금 안에 머무르기 때문이

스물다섯,
이유를 묻다

다. 따라서 현재는 유일하게 손에 쥘 수 있는 시점이고, 우리가 사는 삶은 결국 그 '오늘'들의 합이라고 할 수 있다. 그러니 오늘을 무의미하게 흘려보내지 않고, 자신의 것으로 만들어갈 필요가 있다.

오늘을 산다는 것은 여러 가지 의미를 지닌다. 때로는 즉흥적인 선택이 될 수도 있고, 해야 할 일을 내일의 나에게 미루는 일이 될 수도 있다. 그러나 그렇다고 해서 아무렇게나 살아도 된다는 뜻은 아니다. 적어도 그 모든 선택 속에는 나름의 이유와 방향이 있어야 한다. 그래야만 이 하루의 의미를 온전히 받아들일 수 있기 때문이다.

또한 지금을 충분히 누리되, 과거와 미래 사이에서 균형과 조화를 찾는 태도가 필요하다. 이는 그저 흘러가는 시간에 몸을 맡기는 것이 아니라, 매 순간을 의식적으로 바라보고 삶에 능동적으로 개입하려는 자세를 의미한다. 그런 태도는 과거와 미래 사이에서 발생하는 괴리를 줄이고, 시간의 흐름 안에 자신만의 중심을 세우는 데 도움을 줄 것이다. 오늘이라는 순간에 충실한다면 현재는 단지 내일로 도약하기 위한 경유지가 아닌, 삶의 본질이자 토대가 될 것이다.

그러나 오늘에 집중하는 일은 생각처럼 쉽지 않다. 스스로에게 날아오는 수많은 질문에 대답해야 하기 때문이다. 내가 진정으로 원하는 것은 무엇이며 지금 해야만 하는 일은 무엇인지, 그리고 그 모든 선택이 나에게 어떤 의미를 가지는지를 자문해야 한다. 이 질문들은 때로 미룰 수 없는 숙제처럼 느껴지기도 한다. 하지만 우리는 결국 대답해야만 한다. 그것은 나를 잃어버리지 않기 위한 물음이며, 지금 이 자리에 서 있는 자신을 온전히 마주하는 과정이기 때문이다.

또한 현재에 집중하기 위해서는 과거의 후회와 미래에 대한 불안을 내려놓는 용기도 필요하다. 물론 과거와 미래를 완전히 외면하는 것은 불가능하다. 아픈 기억이 만들어낸 상처는 여전히 쓰라리고, 보이지 않는 미래는 상상력을 자극해 선명한 공포처럼 다가오기 때문이다. 그럼에도 불구하고, 그 시간 안에 언제까지나 갇혀 있다면 눈앞에 펼쳐진 오늘의 절경을 제대로 바라볼 수 없을 것이다.

사실 오늘을 담아내기 위해 필요한 것은 결코 복잡하거나 거창하지 않다. 세상이 정해놓은 속도에 얽매이지 않고, 나만의 리듬을 따라 현재를 온전히 누리는 것만으로 충분할지도 모른다. 미래를 위해 저당 잡힌 시간을 조금 떼어내 좋아하는 일을 마음껏 즐기거나, 소소한 성취감을 맛보는 것도 오늘을 빛내는 방법이 될 수 있을 것이다. 그 자체로 살아있음을 실감할 수 있다면 그걸로 된 것이다.

그러기 위해선 무엇보다 자신에게 솔직해져야 한다. 나라는 존

스물다섯,
이유를 묻다

재를 둘러싼 여러 겹의 허물을 천천히 벗겨내며, 자신의 한계를 인정하고 지금의 위치를 있는 그대로 받아들여야 한다. 그렇게 다가온 현실에 단단히 뿌리내린 채 앞을 바라보는 순간, 비로소 막연한 두려움은 서서히 옅어질 것이다. 마음엔 설렘이라는 빛이 조용히 스며들기 시작할 것이다.

결국 삶의 본질은 과거의 자취나 미래의 공상 속에 존재하지 않는다. 그것은 눈앞의 순간을 느끼고 받아들이는, 작고 조용한 감각 안에 존재한다. 추억의 향수로 덮어지지도, 상상력으로 포장되지도 않은 오늘이라는 날것의 시간 안에 깃들어 있는 것이다.

비록 오늘이 어제보다 특별하지 않을지라도, 그 하루를 내 의지로 채워나간다면, 삶은 더 나다워질 것이다. 그러니 과거를 들추어 후회하지 말고, 미래를 앞당겨 상상하지도 말자. 그 대신 지금을 들여다보자. 어쩌면 그 안엔 내가 바라고 꿈꾸던 삶이 깃들어 있을지도 모르니.

무위(無爲)

    선조들이 남긴 시와 문헌을 보면, '무위자연(無爲自然)'이라는 표현이 종종 등장한다. 이는 인간의 인위적 개입 없이, 있는 그대로의 상태에 따르며 조화롭게 살아가려는 삶의 태도를 일컫는다. 그들에게 무위자연은 삶의 의미를 찾으려는 철학적 관점이었다.
    또한 '무위(無爲)'는 단순히 '하지 않음'을 뜻하지 않았다. 그것은 삶의 여백에서 자연스레 피어나는 충만함을 느끼려는 깊은 사유의 방식이었다. 예컨대 꽃이 피고 지는 모습이나 사계절이 순환하는 과정처럼, 유동적인 흐름 속에서 완벽한 질서가 이루어지는 경

스물다섯,
이유를 묻다

지를 인간 삶이 지향해야 할 이상으로 여긴 것이다.

그런데 오늘날 무위는 이와는 사뭇 다른 모습으로 이해된다. 그것은 점점 사회적 단절과 심리적 고립이라는 부정적인 이미지로 덧칠되고 있다. 은퇴 후 홀로 남겨진 노인, 취업 경쟁에 지쳐 방 안에서만 지내는 청년들처럼, 도심 속에서 은둔하듯 살아가는 사람들이 '현대적 무위'의 상태로 여겨진다. 이처럼 오늘날의 무위는 사람들 사이에 섞여 있으면서도 소외되는 모순된 형태로 드러난다.

현대의 무위는 스스로 선택한 삶의 공란이 아니며, 여백의 미도 아니다. 그것은 삶의 목적을 잃고, 사회와의 연결이 끊긴 상태에서 강제로 부과된 멈춤이다. 전통의 무위가 억지 없이 조화를 이루는 상태였다면, 오늘날의 무위는 의지와 무관하게 쓸모없다는 감각에 갇힌 채, 존재에 대한 회의감만을 남긴 침묵이다.

누구도 자신을 필요로 하지 않는다는 감각, 어디에도 기여할 수 없다는 자각은 물질적 결핍이나 육체적 고통을 뛰어넘는 깊은 상처를 남긴다. 이러한 맥락에서 무위는 외로움과도 구별된다. 외로움은 누군가와 관계를 맺고자 하는 갈망을 내포하지만, 무위는 그 기대조차 사라지고, 살아갈 이유 자체에 대한 근본적인 의문을 불러일으키기 때문이다.

현대적 무위 상태는 다양한 원인에서 비롯된다. 소속된 사회 집

단에서 벗어났을 때의 허무함, 혹은 치열한 경쟁 속에서 낙오되었다고 느껴질 때 찾아오는 깊은 패배감에서 서서히 모습을 드러낸다. 그 감정은 삶의 중심을 흔들고, 내면을 잠식해간다. 그렇게 방향을 잃은 삶은 어느 순간 멈춰 서고, 이내 가라앉기 시작한다. 시간은 계속 흘러가지만, 그 흐름에 발을 맞추지 못한 채, 제자리에서 맴돌기만 한다.

우리는 누구나 인정받고 싶은 마음을 품고 산다. 쓸모 있는 존재로 여겨지길 바라며, 그렇게 함으로써 자신의 역할을 확인하려 한다. 그러나 상황과 맥락에 대한 고려를 배제한 채, 오직 결과와 숫자로만 개인의 효용을 환산하는 사회는 많은 이들에게 박탈감과 소외감을 안겨준다. 그저 입증된 성과로만 자신의 존재 의의를 증명해야 한다는 강박 속에서 사람들은 자신을 혹사하게 된다.

누군가는 이야기한다. 성공을 위해서라면 외로움쯤은 감수해야 한다고. 사회 탓을 하기보다는 그 시간에 더 열심히 할 방법이나 고민하라고. 아무리 경쟁이 치열해도, 할 사람은 결국 해낸다고 말이다. 물론 그런 말에도 일리는 있다. 책임을 모두 사회에 떠넘기려는 태도 역시, 온전한 자세라고는 할 수 없을 것이다.

그러나 그렇다고 해서 모든 잘못을 오롯이 개인에게 전가하는 건 너무도 냉혹한 처사가 아닐까. 누군가의 좌절에는 보이지 않는 제약과 구조적 어려움이 존재했을지도 모른다. 그러한 현실을

스물다섯,
이유를 묻다

외면한다면, 지쳐가는 이들은 스스로의 무가치함을 내면화한 채, 침묵 속에서 자신을 포기하게 될지도 모른다.

그러니 무위에서 벗어나기 위해 필요한 건, 더 열심히 하라는 재촉이 아닌 누군가에게 필요한 존재라는 감각, 그리고 그 연결을 실감할 수 있는 작고 따뜻한 접촉일 것이다.

결국 인간은 관계 속에서 자신을 발견한다. 타인의 시선과 언어, 손끝의 온기 속에서 비로소 '나'를 인식하게 된다. 누군가에게 기여한다는 자각은 스스로의 실효성을 다시금 확인하게 해준다. 단절과 고립의 늪에서 다시 삶의 언저리로 걸어나오게 만드는 끈이 된다.

안타깝게도 오늘날 우리를 둘러싼 무관심의 벽은 너무 높고 두텁다. 서로의 감각과 온기를 주고받기엔, 그 벽이 지나치게 견고하다. 처음엔 상처받지 않기 위해 세운 장막이었지만, 어느새 자신을 가두는 울타리가 되어버린 것이다. 그렇게 당장 바로 옆에 누군가가 있어도, 스스로 쳐놓은 경계 너머로 아무도 없다고 느끼며 살아간다. 엎어지면 코가 닿을 거리에서도 서로에게 도달하지 못한다.

사실 선조들이 말한 무위자연은, 억지로 무엇인가를 이루려 하지 않으면서도 자연스러운 흐름에 몸을 실어 조화를 이루는 방식이었다. 억척스럽지 않지만 나약하지 않고, 무력하지 않지만 무리하게 애를 쓰지도 않는 부드럽고 단단한 생의 리듬이었다. 어쩌면 지금이야말로, 그 가르침을 다시 새겨야 할 때인지도 모른다. 그렇다면 오늘날 우리가 다시 회복해야 할 '자연스러움'은 무엇일까. 분명한 답은 없지만, 불필요한 경계를 천천히 허물어가는 것. 그 작은 움직임이 시작이 될지도 모른다.

우리는 어느샌가 관계마저도 자격처럼 여기는 시대에 살고 있다. 잘 해내야만, 유용해야만, 흠 없이 보여야만 사랑받고 연결될 수 있다고 믿는다. 하지만 특정한 기준을 충족시켜야만 관계가 맺어지고 유지되는 것은 아닐 것이다. 때로는 가벼운 인사 한마디, 혹은 아무 말 없이 조용히 곁에 있어주는 일만으로도 서로의 존재를 충분히 느낄 수 있다을 것이다. 그렇게 작고 느슨한 연결들이, 고독과 단절의 언저리에서 건져줄지도 모른다.

우리 안의 다정함을 다시 꺼내 들 수 있기를 바란다. 삶을 끝내 포기하지 않게 만드는 건, 어쩌면 그런 작은 마음 하나일지도 모르니.

스물다섯,
이유를 묻다

어쩌면 정말 사랑했던 건

사람은 지나간 시간이 남긴 추억의 조각을 먹으며 살아간다. 의식의 파편은 평소 기억의 저편에 조용히 잠들어 있다가, 오래된 사진 한 장, 길을 걷다 들려오는 음악, 식당가에서 풍겨오는 낯익은 냄새를 매개로 불쑥 다가온다. 그럴 때면 잠시나마 마주한 옛 시절의 필름이 파노라마처럼 펼쳐진다.

그것들은 삶의 여러 단면을 비추어 준다. 소중했던 인연, 힘든 시간을 버텨 낸 장소, 즐겨 먹었던 음식들이 의식을 스쳐 지나간다. 때로 이러한 기억들은 과거로 돌아가고 싶다는 바람을 불러일으킨다. 특히 오늘 하루가 고되었다면, 그 갈망은 더욱 절실해진다. 다시 그 장소를 찾아가고, 그 음식을 먹으며, 그 시절을 함께 했던 사람들을 만나 보고자 하는 충동이 생긴다. 그래서 한번은 구태여 지친 몸을 이끌고 그곳으로 가보았다.

그러나 이상하게도, 그때의 감동은 더 이상 느껴지지 않는다. 분명히 같은 공간, 같은 음식인데, 모든 것이 그대로인 듯하면서도 어딘가 미묘하게 어긋나 있다. 음식의 맛이 변한 걸까, 아니면 내 입맛이 변한 걸까. 그 까닭은 모른 채, 씁쓸한 뒷맛만이 한동안 입안에 맴돈다.

소중했던 시절 속 인연과 다시 마주해도 별반 다르지 않다. 처음엔 도란도란 이야기 꽃이 피지만, 곧 어색한 정적이 사이를 메운다. 그제서야 자신만큼이나 상대도 변했음을 실감한다. 오랜만에 만나 즐거웠다며 다음을 기약하지만, 서로는 이번이 마지막이라는 걸 알고 있다. 그렇게 마지막 만남을 운명처럼 받아들이고, 각자의 삶 속에서 서서히 멀어진다.

추억이라는 이름으로 포장된 과거의 흔적을 다시 마주한 후에는 말로 설명하기 어려운 공허함이 밀려온다. 오랫동안 그리워했던 그 시절이, 실은 기억 속에서 보정된 이미지였다는 사실이 믿기지 않는다. 언제까지고 아름다울 줄 알았던 잔상 위에 작은 균열들이 하나둘 생겨나기 시작한다.

스물다섯,
이유를 묻다

이처럼 과거로 돌아가고자 하는 간절함은 현실과 맞닿는 순간 복잡하고 미묘한 양면성을 드러낸다. 회귀를 꿈꾸지만 더 이상 닿을 수 없다는 자각이 마음을 쓰라리게 만든다. 사진 속에는 여전히 함께 웃고 있는 그 장면을 더 이상 재현할 수 없다는 사실에 상실감이 밀려온다.

그렇다면, 그 기억이 정말로 실존하지 않았던 허상이고, 그저 스스로 만들어낸 신기루에 불과했던 것일까? 그렇지 않다. 그것은 분명히 존재했던 순간이다. 다만 기억은 한 곳에 고정된 채 박제되어 있지 않고, 시간 속에서 부유하며 의미와 형태를 조금씩 바꾸어간다. 반복해서 떠올릴수록 새로운 감정의 색이 덧입혀지고, 결국엔 진실보단 해석에 가까워진다.

그렇다면 붙잡을 수 없다는 걸 알면서도 왜 자꾸만 그곳으로 눈길이 향하는 걸까. 그건 아마 오늘 하루가 버겁고 힘들어, 과거로 도망치려는 시도였을 수 있다. 아니면 그 시간 속을 살던 '나'를 다시 한번 마주하고 싶은 마음이었을지도 모른다. 이제 와서 그런다는 것이 미련하게 보일지라도, 이제라도 과거의 자화상을 이해하고, 사랑하고 싶었던 것이다.

그 시절, 지금보다 어리고 서툴렀던 나는 많은 면에서 부족하고 불완전했다. 행동보다는 걱정이 앞섰고, 작은 문제에도 쉽게 흔들렸다. 사소한 말 한마디에 상처 입었고, 가벼운 시선 하나에 마음이 요동쳤다.

그래서였을까. 그런 내 모습이 한없이 못나 보이고, 창피하게 느껴졌다. 결국엔 스스로의 연약함을 견디지 못하고 자신을 몰아세우기 시작했다. 왜 이것조차 제대로 못하느냐며 다그쳤고, 조금만 어긋나도 끝도 없이 자책했다. 그렇게 나는 나를 외면하고, 방치했다.

하지만 시간이 지나고 나니 미약하게나마 알게 되었다. 여전히 나는 불완전하고 앞으로도 불완전할 것이라는 사실을. 그럼에도 불구하고, 그 모든 서투름과 부족함 속에서도 최선을 다하려고 했던 어린 자신에게 너무 모질게 굴었다는 것을 말이다.

그래서 돌아가고 싶었던 것은 아닐까. 추억의 한 장면으로 들어가 그때의 나를 위로하고, 용서 받고자 했던 것이다. 결국 과거를 그리워했던 것은 단지 순간의 풍경을 재현하고자 하는 욕망이 아니라, 소외되었던 자신을 보듬고자 하는 마음이었을 것이다. 물론, 과거의 자신은 대답해 주지 않는다. 그 시절의 자화상은 시간의 필름 속에 고스란히 박제되어 있을 뿐, 어떠한 외침에도 반응하지 않는다.

그러나 침묵 속에서도, 우리는 답을 찾아낼 수 있다. 오늘의 자신은 과거의 연장선 위에 서 있고, 그때의 경험과 선택들은 지금도 내면에 스며 있을 것이기 때문이다. 모든 노력과 성취, 좌절과

스물다섯,
이유를 묻다

절망이 겹겹이 쌓여 지금을 지탱하고 있는 것이다. 따라서 돌아올 수 없는 과거에 사과하려 애쓰기보다 오늘의 나를 다정히 바라보고 응원하는 것이야말로 진짜 화해일지도 모른다.

그러니 이제는 더 이상 과거로 돌아가려 애쓰지 않아도 괜찮다. 추억 앨범 속 나는 이미 모든 답을 남겨두었다. 그것들은 지금의 내 안에서 살아 숨 쉬고 있다. 오늘의 나 역시 언젠가는 또 하나의 과거로 남게 될 것이다. 이 순간의 고민과 기쁨, 망설임과 결심, 모든 것이 한 장면처럼 기억될 날이 올 것이다. 그러므로 지금 이 시간을 감싸안는 일은, 결국 과거의 나를 보듬는 일과 다르지 않다. 언젠가 추억이 될 모든 찰나를 소중히 여긴다면, 오늘이 조금은 더 좋아질지도 모른다.

어쩌면 정말 사랑했던 나를, 이제는 정말 사랑할 때가 되었다.

CHAPTER 3

삶의 이정표:
찰나와 영원의 경계에서

운명과 숙명

　삶의 굴레는 숨통을 옥죈다. 최선이라고 믿었던 결정에는 어김없이 후회와 미련이 따라붙는다. 다가올 미래 앞에서는 두려움과 혼란이 밀려온다. 그럼에도 우리는 그 굴레 속에서 나아갈 길을 찾고자 한다. 아니, 찾아야만 한다. 멈추고 싶어도 시간은 등을 떠밀며 앞으로 나아가길 재촉하기 때문이다.
　하염없이 흘러가는 세월의 강물에 몸을 맡겨 가다 보면 어느새 망망대해 위에 홀로 서 있는 자신과 마주하게 된다. 그리고 그 고요한 정적 속에서, 자신이 지나온 시간에 대한 자문을 시작한다.

스물다섯,
이유를 묻다

그 안에는 돌아올 수 없는 강을 건넌 인연이 있고, 기억 저편에서 희미하게 반짝이는 순수했던 나 자신이 담겨 있다. 그러나 기억을 되풀이해 곱씹을수록, 향기는 점점 옅어질 뿐이다. 마치 손가락 사이로 흘러내리는 모래처럼, 붙잡으려 할수록 더 빠르게 멀어진다. 결국 지나간 세월을 붙들려는 일은 불가항력적이며, 동시에 불가역적인 법칙에 맞서는 시도와 같다. 그렇게 우리는 과거를 내려놓는 법을 배운다.

그러나 미래를 고르는 일 역시 쉽지 않다. 눈앞에 어떤 갈래의 길이 놓여있는지 불명확하지만, 그 대가는 오롯이 자신이 감당해야 한다. 더구나 때로는 결정 자체가 자신의 의지로 이루어지지 않는 경우도 있다. 그럴 때면, 길은 어쩌면 처음부터 정해져 있었던 것이 아닐까 하는 회의감이 든다. 이처럼 선택의 딜레마를 마주할 때, 문득 인간에게 주어진 두 가지 '명(命)'을 떠올려 보게 된다.

인생에는 두 가지 '명(命)', 숙명(宿命)과 운명(運命)이 있다고 전해진다. 숙명은 스스로의 힘으로는 바꿀 수 없는 부동의 영역으로, 태어날 때부터 이미 결정되어 있다. 자신을 낳아 준 부모, 태어난 시간과 장소, 그리고 삶이 따라가는 자연스러운 순리 등이 여기에 속한다.

운명은 미래의 직업, 인간관계, 결혼 상대처럼 자신의 선택과 행동에 따라 다르게 펼쳐지는 삶의 연장선을 가리킨다. 처음부터 주어지는 것이 아니라, 자신이 어떻게 살아내느냐에 따라 서서히 완성되어 가는 이야기인 것이다.

혹자는 이를 두고 숙명은 등 뒤에서 날아오는 돌, 운명은 눈 앞에서 날아오는 돌에 비유한다. 숙명은 뒤편에서 느닷없이 날아오기에, 대비할 틈도 없이 맞게 된다. 그래서 그 고통은 당황스럽고, 억울하다. 반면 운명은 정면에서 다가오기에, 어떻게 반응하느냐에 따라 피할 수도, 막아낼 수도 있다. 그렇게 바라본다면 우리의 삶은 피할 수 없는 숙명의 고통을 끌어안고, 도래하는 운명 앞에서 어떤 자세로 설 것인가를 끊임없이 묻는 여정인지도 모른다.

그런데 눈앞의 모든 운명을 반드시 피할 필요는 없다. 때로 그것은 단단한 돌이 아니라, 뜻밖의 선물처럼 다가오는 맛있는 떡일 수도 있기 때문이다. 만약 모든 운명을 흘려보낸다면 아픔은 줄일 수 있을지 몰라도 동시에 소중한 기회도 놓칠 수 있다. 그래서 중요한 건, 무엇이 돌이고 무엇이 떡인지 분별할 수 있는 안목이다. 떡을 알아보고 기꺼이 받아먹을 줄 아는 여유와 기지를 갖는 것이다.

안타깝게도 떡과 돌을 구별하는 일은 바램처럼 쉽지 않다. 손에 쥐어 보고, 한입 베어 물어볼 수 있다면 좋겠지만, 삶은 그럴만한 여유를 좀처럼 허락하지 않는다. 결국엔 몇 번쯤 돌멩이에 맞아봐

스물다섯,
이유를 묻다

야, 그것이 돌인지 떡인지 분간할 수 있게 된다.

물론, 날아오는 형체를 기꺼이 받아들이는 일은 내키지 않는다. 상처는 언제나 아프고 쓰라리며, 또다시 다칠지도 모른다는 두려움을 불러온다. 더군다나 다음에 날아오는 것도 돌이라면, 그것이 더 크고 단단하다면, 과연 감당해낼 수 있을까 하는 의구심이 들기도 한다.

혹자는 차라리 떡을 먹지 않더라도, 다가오는 모든 돌을 피하며 사는 쪽이 현명하다고 말한다. 때로는 그 판단이 옳을 것이다. 무턱대고 몸을 내밀었다가 버티기 힘들 만큼 큰 충격을 받게 된다면, 그대로 주저앉아 버릴 것이기 때문이다.

하지만 언제까지나 도망치기만 하는 것이 옳은 처사는 아닐 것이다. 운명이 건네는 다채로운 기쁨과 설렘은 언제나 불확실성이라는 안갯속에서 피어난다. 그 모든 가능성 앞에서 애써 눈을 감은 채 살아가는 삶을, 정말 행복하다고 말할 수 있을지는 미지수다.

결국 삶은 돌과 떡이 섞여 날아오는 무작위의 연속이다. 무엇이 나타날지 알 수 없는 예측 불가능함 속에서, 우리는 맞고 피하며 배우고 자란다. 돌을 맞는 고통을 통해 단단해지고, 떡을 맛보는 기쁨을 통해 위로받는다. 하루하루 경험이 쌓이고 나면 돌과 떡을 가려내는 감각이 생겨난다. 물론 그 이후에도 돌을 떡으로 오인해 맞게 될지도 모른다. 하지만 그 역시 굳은살을 만들어줘 다음에 다가올 고통을 덜어내 줄 것이다.

누구도 자신의 숙명을 거스를 수 없고, 운명을 예측해 완벽히 대비할 수도 없다. 그러나 그 변덕스러움이 존재하기에 삶은 끝없이 호기심을 자극하고, 다음 순간을 궁금하게 만든다.

삶이란 어쩌면 단 한 번의 실수도 없는 완벽한 선택으로 완성되는 것이 아니라, 흔들리고 쓰러져도 다시 일어나는 과정 속에서 이루어지는 것일지도 모른다. 앞으로 마주할 수많은 운명 앞에서 언제나 정답만을 고를 수는 없겠지만, 그 선택들 위에 쌓인 시간들은 어느새 내 삶만의 결을 만들어내고 있을 것이다.

운명과 숙명, 그 사이에서 써내릴 이야기가 조금은 기대되기 시작했다.

스물다섯,
이유를 묻다

찰나의 결정

　중요한 순간을 맞이하기 위해 오랜 시간을 준비한다. 하루하루가 고되고 벅차지만, 각오와 결단을 다지며 시험대 위에서 준비해 온 모든 것을 쏟아내려 한다. 최고의 결실을 얻기 위해, 혹은 적어도 후회나 미련을 남기지 않기 위해 몸부림친다. 그렇게 함으로써 자신이 버티고 인내한 과정이 무의미한 것이 아님을 증명하려고 한다.
　그러나 때로 삶의 향방을 가르는 결정적인 순간, 혹은 생과 사의 갈림길에서 판단을 내려야만 하는 상황은 불현듯 찾아오기도 한다. 준비할 틈 없이 갑작스레 들이닥쳐 당혹스럽게 한다. 사전 경고라도 해줬으면 좋았겠지만, 아무 일도 아닌 듯 나타나 우리를 시험한다.

찰나의 순간에 구국의 결단을 내려야 한다는 사실이 야속하게만 느껴진다. "왜 하필 지금?"이라는 생각이 머릿속을 스친다. 그러나 어찌할 방도는 없다. 인생은 늘 그런 식으로 스핑크스처럼 불쑥 나타나 아무런 맥락도 없이 수수께끼를 던지고는 운명의 저울질을 할 뿐이다.

벼락처럼 닥친 판단의 기로 앞에서 몸이 얼어붙는다. 머리는 하얘지고, 심장은 요동친다. 수없이 교차하는 생각들이 뇌리를 파고든다. 과거의 실수가 포개어져 보이며, 똑같은 잘못을 반복할지도 모른다는 두려움에 오금이 저려온다. 그래서 때로는, 무게에 짓눌리기 전에 그 자리를 도망쳐버린다. 애써 아무 일도 없던 것처럼 외면하는 쪽을 택한다.

하지만 판단에서 벗어났다고 해서 마음이 편해지는 건 아니다. 선택의 공백엔 언제나 "만약 그때 그랬더라면."이라는 가정이 따라붙는다. 그 문장은 상상의 굴레 속으로 끌어당기고, 밤잠을 설치게 만든다. 그렇게 떠올려본다. 수많은 평행우주 속 더 나은 삶을 살고 있을 또 하나의 자신을. 지금과는 전혀 다른 어딘가에 닿아 있었을 모습을 그려본다. 그러나 자신은 그 모든 가능성을 망

스물다섯,
이유를 묻다

설이다 날려버린 존재에 불과하다는 사실에 숙연해지고 만다.

결국 우리는 결정을 내려야 한다. 그렇다면 어떻게 결단을 내려야 할까? 생각할 겨를조차 없는 상황 속에서, 과연 즉흥적인 선택이 내 삶을 이끄는 것이 맞는 걸까?

사실 순간의 판단은 얼핏 보면 충동처럼 보이지만, 실제로는 그동안 살아오며 몸과 마음에 차곡히 새겨온 원칙과 태도에서 비롯된다. 평소 삶 속에서 다져진 방향 감각이 어떤 길을 걸어왔는지를 고스란히 반영하는 것이다. 그러니 그 선택은 단순한 순발력이 아니라, 오랜 기간 축적된 삶의 관성이 드러나는 것이다. 바로 그 경향성이야말로, 우리가 어떤 사람이 되고 싶은지를 말해주는 가장 정직한 증거일지도 모른다.

그러한 내면의 목소리를 알기 위해선 평소 자신에게 질문을 던지는 연습이 필요하다. 물음에는 정해진 형식이 없다. 자신이 어떤 목표를 향해 가고 있는지, 그 목적지에 진심으로 닿고 싶은지를 조용히 곱씹어봐도 좋다. 가끔은 솔직해지는 용기도 필요하다. 단지 누군가의 인정을 원해 골랐던 건 아닌지, 설령 아무도 박수치지 않아도 흔들리지 않을 수 있는지를 되짚어보는 것이다.

그 질문들을 외면하지 않을 때, 비로소 자신이 선명하게 보이기 시작한다. 어떤 자세와 태도로 살아가고 있는지를 또렷하게 마주하게 된다. 삶의 방향은 어느 날 갑자기 정해지는 것이 아니라, 매일 던지는 질문 끝에서 서서히 드러난다는 사실을 자각하게 된다. 마음 깊은 곳을 들여다볼수록, 판단의 순간은 점점 두려운 심판대가 아니라 오히려 자신의 진가를 드러내는 무대가 되어간다. 그즈음이면 자연스레 깨닫게 될 것이다. 순간의 선택은 결코 반사적으로 튀어나온 반응이 아니었다는 것을. 오히려 아주 오래전부터 말없이 내 안에서 자라고 있던 응답이었음을 말이다.

또한 두려움과 불안에 직면할 용기도 필요하다. 아무리 철저히 대비했다 해도, 결단의 순간 앞에서는 누구나 망설여지기 마련이다. 예기치 못한 위험으로부터 자신을 지키려는 방어 기제가 나오는 것이다. 마치 빠르게 달리는 차의 속도를 줄이기 위한 과속방지턱처럼 말이다. 하지만 질주하던 차가 급정거할 때 오히려 더 큰 충격이 발생하듯, 지나치게 주저하는 태도는 화를 부를 수 있다.

그러니 자신의 머뭇거림이 정말 신중함에서 비롯된 것인지, 아니면 막연한 두려움의 장벽에 가로막힌 것인지 자문해야 한다. 만약 불안이 선택을 방해하고 있다면, 그 무거운 감정에 질식하기 전에 과감히 뛰어드는 용기가 필요하다. 불확실한 미래 앞에서 확신을 갖기란 누구에게나 어려운 일이지만, 결국 한 걸음 내디딜 때 어두운 터널에서 빠져나올 수 있다는 것을 기억해야 한다.

삶은 찰나의 순간에 너무도 많은 것이 결정된다. 우연한 만남

스물다섯,
이유를 묻다

이 인연이 되고, 인연이 운명이 되기도 한다. 물론, 그 반대의 경우도 성립한다. 누군가의 짧은 제안은 일생일대의 기회가 될 수도 있고, 때로는 위기의 시작이 되기도 한다. 그러나 모든 가능성을 매 순간 헤아리기엔, 삶은 그만큼의 여유를 허락하지 않는다.

그래서 우리는 매일의 태도를 점검해야 한다. 선택이 다가올 때, 그에 걸맞은 사람이 되어 있어야 한다. 스스로 택한 길을 끝까지 걸어가겠다는 결단과 신념이 있다면, 그 믿음은 결국 우리를 어디든 데려다줄 것이다.

다가올 찰나를 기다리며, 나는 바란다. 그 짧은 순간의 응답이 두려움이 아닌 희망으로, 망설임이 아닌 결심으로 남기를.

지나버리기 전에

　하루에도 많은 장면들이 우리 곁을 스치듯 지나간다. 누군가의 시선, 거리의 냄새, 피부에 닿는 온기. 그 모든 것은 너무도 평범하고 익숙해서, 기억 속에 조용히 묻혀버린다. 매일 마주하는 사람들과 시시콜콜한 농담을 주고받거나, 함께 밥을 먹던 순간에도 대개 특별한 의미를 두지 않는다. 그것은 그저 반복되는 일상의 한 조각일 뿐이다. 때론 지루하다 못해 싫증 날 지경인 그런 시간들이다.

　그런데 긴 세월이 흐른 뒤 당시를 조명하면, 보이지 않던 것들

스물다섯,
이유를 묻다

이 하나둘 눈에 들어온다. 언제까지나 당연할 줄만 알았던 장면을 이제 다시는 재생할 수 없다는 사실에 마음이 착잡해진다. 그때는 왜 몰랐을까. 아무렇지 않은 것 같은 그 하루가, 얼마나 따뜻하고 아름다운 시절이었는지를.

그렇게 의미 없이 흘려보낸 시간이 뒤늦게 소중하게 느껴지고, 후회가 밀려온다. 그저 그런 날이었을 뿐인데, 지금은 그 무렵을 다시 살아보고 싶어 안간힘을 쓴다. 깨달음은 늘 그렇듯, 지나간 뒤에야 비로소 고개를 든다.

기억이 자꾸 머릿속을 맴돌면 자책을 시작한다. 무심코 내뱉은 말 한마디, 두려움에 침묵했던 순간, 그 모든 잔상이 파편처럼 떠올라 마음을 묵직하게 짓누른다. 시간을 되돌려 선택을 번복하는 공상에도 빠져본다. 하지만 과거의 자신을 다시 써보려는 시도는, 결국 아무것도 바꾸지 못한 채 감정만을 헤집어 놓을 뿐이다.

그러나 생각해보면 그것은 자신이 할 수 있었던 최선이었을지도 모른다. 후회란, 미래의 시선으로 바라볼 때 피어오르는 감정이다. 그때는 미처 알 수 없었던 정보들, 보이지 않던 흐름이 드러난 후에야 내릴 수 있는 사후적 해석일 뿐이다. 따라서 미래의 창을 미리 들여다보지 않는 이상, 과거의 선택은 달라지지 않았을 것이다.

그러니 지난날에 대한 가정으로 지금의 자신을 괴롭힐 필요는 없다. "조금만 더 일찍 알았더라면", "조금만 더 용기 냈더라면" 같은 가설들에 목덜미를 붙잡히는 순간, 앞으로 나아가려던 발걸음은 멈춰버릴 것이다. 과거에 대한 상념으로 현재를 채우면 정작 소중한 오늘을 놓쳐버릴지도 모른다. 지금 눈앞의 상대방, 창밖의 풍경, 오가는 대화들이 머릿속을 맴도는 '그때 그 장면'에 밀려나는 것이다. 아이러니하게도, 그런 오늘도 시간이 흐른 후에는 어김없이 되돌리고 싶은 과거가 되어버릴 텐데 말이다.

　이렇듯 과거의 빈틈을 메우느라 오늘을 허비한다면, 늘 어제를 반추하며 살아갈 수밖에 없다. 따라서 우리는 '오늘'을 살아가는 존재임을 잊지 말아야 한다.

　언제나 곁에 머물러줄 것 같던 것들도, 언젠가는 사라진다. 그 사실을 잊은 채 살아가다가, 떠나고 나면 상실감을 느낀다. 마치 내 것을 빼앗긴 듯한 기분에 사로잡힌다. 하지만 그들은 애초부터 내 소유물이 아니었다. 뜻대로 붙잡아둘 수도, 머무르게 할 수도 없는 일시적인 정착이었을 뿐이다.

　그럼에도 지금 이 순간, 어떤 존재나 장면이 나와 함께하고 있다는 사실은 어쩌면 하나의 축복이 아닐까. 기나긴 삶의 변주 틈새를 스치듯 찾아왔다가 조용히 사라지는 인연과 풍경은, 소멸하기에 더욱 귀하고, 유한하기에 찬란한 것이 아닐까.

　결국 모든 순간은 한 시절에 잠시 들렀다 가는 선물이며, 지나

스물다섯,
이유를 묻다

고 나면 결코 같은 모습으로 되돌아오지 않는다. 그런 깨달음이 마음에 닿는 순간, 삶을 바라보는 시선은 달라질 것이다. 오늘은 더 이상 허전함이 아닌, 감사로 채워질 것이다.

그렇게 함으로써 우리는 오늘을 살아가고, 사랑해야 한다. 무심코 흘려보내기 쉬운 하루의 조각들, 눈앞을 스치듯 지나가는 찰나의 장면들을 마치 고해상도의 필름처럼 또렷하게 마음에 새겨야 한다. 오늘을 진심으로 살아냈다면, 먼 훗날 인생의 어느 지점에서 문득 멈춰 섰을 때 "그때 나는 참 잘 살았다"고, 스스로를 다정하게 격려할 수 있을 것이다. 마침내 여정의 끝자락에 다다랐을 때, '참 즐거운 삶이었다'고 담담하게 웃을 수 있을 것이다.

우리의 모든 찰나는 유일하다.

하나의 결과, 무수한 가능성의 교차점

결과가 제 뜻대로 나오지 않으면 그 까닭을 곱씹어 본다. 과정에서 어떤 선택이 영향을 미쳤는지 되짚어 본다. 같은 장면을 리플레이 하고, 세밀한 프레임 단위로 관찰한다. 여러 상황을 가정하고, 추측을 덧씌운다.

수차례 머릿속에서 시뮬레이션을 돌리다 보면 윤곽이 보이기 시작한다. 특정한 시점에서부터 엇나간 것을 발견하고 아쉬움을 느낀다. 그래도 그저 후회로만 남기지 않고, 더 나은 판단을 위한

스물다섯,
이유를 묻다

자양분으로 삼아본다. 그렇게 해서 다음에는 조금 더 정확한 방향으로 나아가고자 한다.

그러나 그 모든 노력을 병행했음에도, 여전히 납득하기 어려운 결론을 마주하기도 한다. 이는 미처 고려하지 못한 요인이 개입되어 있어서일지도 모른다. 혹은 따로 보면 대수롭지 않아 보이는 변수들이 시너지를 발휘한 탓일 수도 있겠다.

이처럼 하나의 결과는 수많은 원인이 상호작용한 끝에 나타난다. 세상사에 설명하기 어려운 일들이 많은 것도 어쩌면 이 때문일 것이다. 그럼에도 우리는 많은 경우, 단편적인 인과관계의 공식에 사건을 대입해 해석하려 한다. 실타래처럼 얽힌 구조의 복잡성을 고려하지 않고, 단선적인 도식으로 모든 것을 이해하려는 경향이 있다.

그러한 판단은 직관적으로 받아들이기에 편리할 수 있다. 하지만 그 속의 맥락을 지워버린다면, 설명할 수 없는 여지를 지나치게 많이 남기게 된다. 그리고 생략된 부분은 오판과 왜곡으로 이어지기 쉽다. 결국 상황을 단순하게 재단하거나, 불필요한 일반화에 빠지는 결과를 낳는다. 따라서 우리는 스스로 통제할 수 있는 요소는 물론, 어쩔 수 없는 변수들과 미처 인식하지 못했던 요인들까지 함께 고려해보는 시야를 지닐 필요가 있다.

예를 들어 원하는 시험에 합격했다고 가정해 보자. 우리는 흔히 그 결과를 노력에 대한 정당한 보상으로 받아들인다. 밤을 지새워 문제를 풀어낸 성취라고 여기며, 스스로를 칭찬하고 안도한다.

그러나 그 이면을 조금만 들여다보면, 단지 노력만으로는 설명되지 않는 요인들이 눈에 들어온다. 시험 준비 기간 동안의 신체적·정신적 건강 상태, 공부에 몰입할 수 있었던 시간의 양과 질, 주변 환경의 지지 혹은 방해 요인 등이 절묘하게 맞아떨어졌다는 사실을 깨닫게 된다.

만약 시험 전날 수면을 충분히 취하지 못했다면, 문제를 읽고 이해하는 데 평소보다 더 많은 시간이 걸렸을 것이다. 시험장 내의 소음, 온도, 습도 같은 환경적 요인들로 인해 집중력이 흐트러졌을 가능성도 있다. 준비한 내용이 아닌, 낯설고 예상치 못한 영역에서 문제가 출제되었다면 평소의 실력을 온전히 발휘하기는 어려웠을 것이다. 이처럼 결과에는 통제할 수 없는 수많은 변수들이 개입되어 있다. 그렇기에 내가 들인 노력과는 무관한 결과가 나와도, 전혀 이상할 것은 없다.

물론 그런 현실을 선뜻 받아들이고 싶지는 않다. '노력은 배신하지 않는다'는 말처럼, 우리는 언제나 성실함이 좋은 결실로 이어지길 바란다. 공들인 시간에 비례해 기대감도 점점 커진다. 그러나 결과가 그려온 시나리오처럼 나오지 않을 때면, 마치 배신당한 듯한 기분이 들 수밖에 없다. 자신이 할 수 있는 건 오직 노력

스물다섯,
이유를 묻다

뿐인데, 그마저도 성공을 담보하지 않는다면 열심히 산다는 게 도대체 무슨 의미가 있나 싶어진다.

그렇다고 해서 그것이 곧 '노력 무용론'으로 이어져서는 안 될 것이다. 노력은 불확실한 미래에 유일하게 개입할 수 있는 방식이기 때문이다.

그 누구도 미래를 정확히 예측할 수 없고, 외부의 변수들을 완전히 통제할 수도 없다. 하지만 노력만큼은 그 모든 불확실성 속에서도 내가 선택하고 조정할 수 있는 단 하나의 의지이자 행동이다. 그래서 투지는 여전히 의미 있고, 흔들림 없는 가치를 지닌다.

결과가 보장되지 않더라도 내가 쥘 수 있는 무언가가 있다는 사실은, 절망 속에서도 방향을 잃지 않게 해준다. 그것은 끝을 알 수 없는 세계 속에서 내가 무너지지 않게 붙들어주는 최소한의 균형이자, 흔들리는 마음을 다잡기 위한 닻이 되어준다. 그렇기에 목표를 향한 열의는 결과를 만드는 도구이기 이전에, 자신을 지탱하는 삶의 태도가 된다. 따라서 노력은 그 자체로 충분한 의의를 지닌다.

다만 좋은 결과를 전적으로 자신의 수고 덕분으로만 여기기보다는, 절묘한 타이밍과 상황, 운이 겹쳐 일어난 것임을 인정하는 겸손함도 필요하다.

이러한 태도는 반대로 원하는 결과를 얻지 못했을 때, 그것을 유연하게 받아들이는 자세를 가져다준다. 예컨대 온 힘을 다해 준비했음에도 목표에 도달하지 못했다면, 그 책임을 오롯이 자신에게 돌리며 자책할 필요는 없을 것이다. 이는 열정이 부족했다는 의미가 아니라, 단지 수많은 가능성이 우연히 하나의 지점에 수렴하지 않았을 뿐이기 때문이다. 그러므로 결과를 겸허히 받아들이고, 다음 걸음을 위한 발판으로 삼아야 할 것이다.

따라서 하나의 사건은 무수한 조건과 상황이 교차하는 지점에서 탄생한다. 그렇기에 단순히 성공과 실패라는 이분법적 시선에서 벗어나, 그 안에 얽힌 다양한 상호작용과 이해관계를 파악하려는 노력이 필요하다. 단기적으로는 실패처럼 보일지라도, 시간이 흐르면 그것이 새로운 기회의 바탕이 되거나, 더 나은 항로로 나아가기 위한 초석이 될 것이다. 오늘의 결과는 끝이 아니라, 또 다른 가능성으로 이어지는 시작점이기 때문이다.

그러니 지금의 실패는 어쩌면 성공의 교차점을 향해 나아가는 여정의 한 부분일지도 모른다. 실패라는 이름의 시도들이 차곡차곡 쌓일수록, 우리는 조금씩 단 하나의 점에 가까워지고, 마침내 자신만의 찬란한 순간과 마주할 것이다. 그때가 되면 알게 될 터이다.

결국, 그 모든 실패는 빛을 향한 궤적이었다는 것을.

스물다섯,
이유를 묻다

세상에 내던져진 존재

　하이데거의 철학에 따르면, 인간은 우연히 세상에 '내던져진 존재'이며, 각자는 피할 수 없는 죽음을 향해 나아가는 존재다. 실존주의를 깊이 논하고자 하는 것은 아니지만, 이 문장을 통해 자의로 세상에 발을 딛지 않았다는 사실을 다시금 곱씹게 된다. 스스로 선택하지 않았지만 이미 주어진 삶을 살아내야만 한다는 숙명은 인간 존재의 아이러니를 여실히 보여준다. 마치 전지전능한 누군가가 만든 무대 위에, 영문도 모른 채 서있는 배우가 된 듯하다. 각본도, 리허설도 없이 본공연에 올라, 매 장면을 즉석에서 연기해야 하는 그런 배우 말이다.

　그러나 인간은 혼돈 속에서도 의미를 찾아낸다. 한여름의 뜨거운 아스팔트 위를 맨발로 거닐면서도 그 위에 피어난 작은 꽃을 보고 희망을 꿈꾼다. 생이 고통으로 가득해도, 그 안에서 행복의 실마리를 건져 올리려 애쓴다. 고단한 현실 속에서도, 아름다움을 포기하지 않으려 한다. 어쩌면 이것이야말로 인간 존재에 대한 표상일지도 모르겠다.

　이처럼 우리는 아무것도 가진 것 없이 불확실성으로 가득한 세상에 던져졌지만, 조각난 기억과 흐릿한 내일에 대한 기대를 연료 삼아 치열한 하루를 버텨낸다. 때로는 삶이 던지는 수많은 난제 앞에서 주저앉기도 하지만, 다시 일어나기를 반복하며 나아가고자 한다.

　그러다 문득, 연유를 알 수 없는 허탈감과 피로감이 몰려오면 이 모든 과정의 끝이 과연 어디를 향하고 있는지에 대한 의구심이 고개를 든다. 어제와 다르지 않은 오늘, 그리고 오늘과 별반 다르지 않을 내일. 반복되는 흐름 속에서 자신이 컨베이어 벨트 위를 움직이는 자동화 기계가 된 것처럼 느껴진다. 정해진 자리에 맞춰 기능을 수행하며 내가 나로 살아가는 것이 아니라, 어느새 시스템의 부속으로 소모되고 있는 건 아닐까 싶다. 그렇게 삶의 무게와 무상함이 겹쳐질수록, 그 가치는 점점 희미해지고 무의미하

스물다섯,
이유를 묻다

게 느껴진다.

 하지만 의미가 흐릿해졌을지언정, 완전히 사라진 것은 아닐 것이다. 우리가 처음 무언가를 시작했던 이유, 스스로를 움직이게 했던 어떤 감정이나 소망이 분명 있었을 것이다. 다만 시간이 흐르며 멀어지고 작아져 잘 보이지 않게 되었거나, 누적된 일상의 더미 속에 묻혔을 뿐이다.

 그렇기에 이제는 그 아래 깔린 기억을 조심스레 들춰볼 때가 아닐까. 비록 그것이 확실한 해답이 되어주지는 않더라도, 적어도 지금 우리가 왜 이 고단한 길 위를 걷고 있는지를 설명해 줄 수 있을 것이다.

 누군가에게 시작은 호기심이었을 것이다. 사물의 원리를 파헤치고, 세상의 이치를 이해하고자 하는 갈증. 눈에 보이지 않는 법칙, 아무도 가보지 않은 영역에 대한 동경은 그들을 끊임없이 움직이게 했을 것이다. 몰입의 순간엔 시간이 멈춘 듯하고, 궁금증이 해소될 때 가슴이 뛰던 그 기억이 행복이었을지도 모른다. 그렇게 미지의 세계를 향해 나아가는 여정 자체가 곧 삶이었을 것이다.

 반면 어떤 이에게 인생의 동력은 사랑이었을 것이다. 사랑하는 이를 지키기 위해, 그들에게 부끄럽지 않은 사람이 되기 위해 오늘을 견디고 내일을 꿈꾸었을 것이다. 함께한 시간 속에서 나눈 대화, 지친 하루 끝 자신을 반겨주던 미소, 서로를 챙겨주던 손길 하나하나가 그들에겐 이유였을 것이다.

누군가는 삶의 까닭을 성취로 설명하려 한다. 타인의 성공이 자극이 되고, 비교의식은 방향이 되어 그들을 이끈다. 비슷한 출발선에서 나란히 시작했던 사람이 먼저 앞으로 나아가는 모습을 보며 긴장감을 느끼고 더 높은 목표를 바라보게 된 것이다. 그것은 단순히 경쟁자를 이기기 위한 승부 욕구라기보다, 스스로를 증명하고자 하는 내면의 갈망에서 비롯되었는지도 모른다. 내가 선택한 길이 틀리지 않았다는 것, 지금의 걸음이 결코 헛되지 않았다는 걸 세상에, 그리고 무엇보다 나 자신에게 말하고 싶었는지도 모르겠다.

결국, 삶을 이어가는 추진력은 저마다 상이하다. 그러나 누구의 계기가 더 옳고, 누구의 방식이 더 바람직하다고 단정할 수는 없을 것이다. 삶의 무게와 방향은 각자에게 다르게 주어지고, 그 안에서 만들어지는 선택 또한 서로 다른 맥락과 깊이를 지니기 때문이다.

때로는 치열한 경쟁을 이겨내기 위해 스스로를 밀어붙일 수 있는 강한 동기가 필요하다. 끝없이 밀려오는 압박 속에서도 꺾이지 않으려면, 마음 어딘가에 중심을 잡아주는 단단한 의지가 자리해야 할지도 모른다.

스물다섯,
이유를 묻다

반대로 모든 것이 버겁고 무의미하게 느껴지는 시기엔, 사랑의 의미를 되새겨야 한다. 누군가와 연결되어 있다는 감각은 논리나 이성으로는 설명할 수 없는 삶의 명분이 되고, 때로는 그 어떤 것보다 소중한 기억을 만들어내기 때문이다.

어떤 순간엔 단순히 어린아이의 순수한 시선으로 세상을 바라보아야 할지도 모른다. 결과나 효율보다 눈앞의 감각과 기쁨에 집중하는 법을 익힐 때 복잡하게 얽혔던 문제들이 의외로 쉽게 풀려나갈 수도 있기 때문이다. 이유가 무엇이든, 그것을 잊지 않는 것이 중요하다.

비록 아무런 까닭 없이 세상에 내던져진 존재일지라도, 다시 자연으로 돌아가는 그 순간 어떤 의미를 남기고 갈지는 결국 자신의 몫이다. 태어남에는 선택권이 없었지만, 살아가는 방식은 내 손에 달려 있으니 말이다. 어쩌면 그것이야말로, 우리가 이 세상에 아무런 이유 없이 내던져진 진짜 이유일 것이다. 무의미로 시작되었기에 의미를 만들어내야만 하는 숙명을 지닌 존재. 그래서 사랑하고, 쓰러지고, 다시 일어서며 살아가는 것일 테다.

이유 없이 시작된 삶이, 이유 있는 흔적으로 마무리되길 바란다.

마침표 뒤의 문장들

　저마다의 생은 서로 다른 장르와 분량을 가지고 있다. 누군가의 인생은 반전으로 가득 찬 스릴러다. 끝으로 다다르는 순간까지 예측불허하며 긴장을 놓을 수 없다. 반면, 누군가의 여정은 감성적인 인문학이다. 조용하고 잔잔하지만, 감동이 스며 있어 시간이 지나도 여운을 남긴다.
　한편, 누군가의 서사는 짧은 단편으로 정리된다. 등장인물도 적고, 배경도 단순하며, 하나의 에피소드가 이야기의 전부를 구성한다. 그러나 어떤 이의 삶은 장편 시리즈처럼 이어진다. 챕터마

스물다섯,
이유를 묻다

다 새로운 인물이 등장하고, 공간이 바뀌며, 무대도 점점 확장된다. 그러나 분량과 장르에 관계없이 모두의 이야기가 끝난다는 사실은 변함없다.

따라서 우리는 그 끝에 대해 고민해 보게 된다. 종착지에 다다를 수밖에 없다는 사실에 두려움을 느낀다. 하지만 그것을 피할 방도는 없다. 그래서 기왕 받아들여야 한다면 생의 끝자락은 어떠한 장면일지 어렴풋이 가늠해보려 한다.

가령, 임종의 순간을 떠올려 본다. 병상 위에 누운 노쇠한 이의 곁으로, 가족과 친지가 모여든다. 가쁜 숨결 사이로 힘겹게 내뱉는 한 글자, 한 글자에 모두가 숨을 죽이고 귀를 기울인다. 마지막으로 남겨야 할 한마디. 그 순간, 무슨 말을 해야 할까. 머릿속으로 아무리 생각을 되짚어 보아도, 그 선택은 쉽지 않다.

하지만 사실, 삶의 마지막 순간을 침대나 병상에서 맞이할 수 있을지조차 알 수 없다. 예기치 못한 사고로 인해, 준비할 겨를도 없이 전혀 다른 시간과 공간에서 죽음을 맞이해야 할지도 모른다. 실제로 많은 이들이 그렇게 생의 종지부를 갑작스레 찍을 수밖에 없었다. 결국 우리의 삶은 과정뿐만 아니라, 마지막을 마주하는 그 순간까지도 불확실성으로 가득 차 있다.

그리고 언젠가 내가 이 세상에 없을 때에도, 내일의 태양은 여전히 떠오를 것이다. 사람들은 평소처럼 일터로 향하고, 가게들은 손님을 맞을 준비로 분주한 하루를 시작할 것이다. 거리엔 새로운 유행가가 흘러나오고, 어딘가에선 또 다른 관계와 사랑의 씨앗이 틔어날 것이다. 내 자리는 비어 있겠지만, 그 빈자리는 조용히 다른 이야기들로 채워져 갈 것이다.

이처럼 끝을 예측할 수 없어 죽음을 준비하는 일이 본래 불가능한 것이라면, 그리고 결국은 잊히고 지워질 삶이라면, '어떻게 살아야 하는가'를 고민하는 일조차 무의미하게 느껴질지도 모른다. 하지만 그렇다고 해서, 우리의 삶이 의미 없다고 단정할 수는 없다. 어쩌면 우리가 살아가며 남긴 흔적들은, 나라는 존재가 사라진 이후에도 여전히 누군가에게 이어질 수 있기 때문이다. 내 역사는 멈추겠지만, 그 기억은 다른 이의 삶 속에서 조용히 재생되는 것이다.

예컨대 내가 스쳐 지나가듯 한 말이 누군가에게 위로가 되었을지도 모른다. 가벼운 마음으로 건넨 "괜찮아"라는 한 마디가, 그 순간 그들에게는 숨 쉴 틈을 만들어준 것이다. 또는 내가 했던 어떤 행동이 누군가의 인생에 결정적인 분기점이 되었을 수도 있다. 설령 기억하지 못하는 사소한 순간일지언정, 그것이 누군가의 마음에 불씨를 지핀 것이다.

결국 내 이야기가 끝난 뒤에도, 그것은 또 다른 이야기의 서막이 되어 누군가의 삶으로 이어지고, 세상에 작지만 의미 있는 흔

스물다섯,
이유를 묻다

적을 남길 수 있다. 내가 소멸한 이후에도 남겨진 말과 행동, 그리고 그로 인해 파생되는 무수한 작은 변화들은 쉽게 사라지지 않는다. 그러니 '어떻게 살아야 하는가'라는 질문은 단순히 무엇을 이루고 얼마나 부유하게 살아갈 것인지를 넘어, 내 존재가 세상에 무엇을 더할 수 있는가에 대한 물음이어야 한다.

그렇다면 이제, 삶의 마침표 이후에 펼쳐질 이야기에 대해 생각해보는 건 어떨까. 그렇게 바라볼 수 있다면, 삶은 단순한 소멸이 아닌 확장으로 이해될 수 있을 것이다.

삶은 홀로 써 내려가는 독백이 아니라, 수많은 서사가 교차하고 포개지는 하나의 거대한 이야기다. 우리는 언제나 그 이야기의 한 문장을 함께 써 내려가고 있음을 잊지 말아야 한다. 오늘 내가 남긴 작은 흔적 하나가, 언젠가 새로운 이야기에 꽃을 피우기 위한 거름이 될 수 있기를 바란다. 서로의 흔적이 얽히고 이어질 때, 우리의 이야기는 사라지지 않을 것이다.

무명(無名)의 메시지

4년 전 즈음부터 매년 한두 번씩 현충원을 찾는 일이 하나의 관례처럼 자리 잡았다. 처음 이곳을 방문한 계기는 전쟁과 역사에 대한 호기심 때문이었다. 역사책 속 기록으로 남아 있는 사건들이 실제로 누군가의 시간과 숨결이었다는 사실을 느껴보고 싶었다.

그렇게 현충원에 들어서면 먼저 적막함이 느껴진다. 사방으로 펼쳐진 묘비들이 조용히 자리하고 있는 것을 보면 자연스레 경건한 마음이 인다. 천천히 발걸음을 돌려 전시관 쪽으로 향한다. 그곳에는 비석이 말하지 않는 서사가 담겨있다. 기록 너머 실재했

스물다섯,
이유를 묻다

던 삶을 발견하게 된다. 전사자 통계 속, 단 '1'이라는 숫자 하나에도 이름이 있고 얼굴이 있고, 사랑하는 가족이 있었다는 생각에 가슴이 먹먹해진다.

어떤 이들은 포화 속에서 사랑하는 사람과의 재회를 소망했을 것이고, 또 어떤 이들은 목이 타는 갈증 속에서 물 한 모금을 원했을지도 모른다. 그들은 각자의 세상을, 이야기를, 그리고 희망을 품고 있었을 것이다. 그러나 많은 이들이 끝내 그 염원을 이루지 못한 채, 생의 끝을 맞이할 수밖에 없었다.

수많은 사연을 마음에 담고 돌아설 때면, 발걸음이 한없이 무거워진다. 지금의 평화로운 일상이 있기까지 이름 없는 이들의 희생이 쌓여 있었다는 사실에 숙연함이 든다. 이곳에서만큼은 고통 없이 깊은 안식을 누리시길 바라는 마음도 함께 스민다. 한편으로는 문득, 이곳의 고요함이 마치 침묵 속에서 울려 나오는 외침처럼 느껴진다. 못다 한 이야기들이 이곳 어딘가를 맴돌고 있는 듯하다. 수많은 비석이 나지막이 전하는 침묵의 메시지는 무엇이었을까. 그 물음을 조용히 되새겨본다.

혹자는 말한다. 한 사람의 이름과 행적은 사후에도 누군가의 기억 속에 남는다고. 하지만 기록은 언제나 결과만을 말할 뿐이다. 그 속에 담겨 있었을, 그러나 결국 사라질 수밖에 없었던 수많은 이들의 이야기는 전해지지 않는다. 그들의 존재는 역사의 뒤안길에 조용히 묻혀버릴 뿐이다.

　물론, 오늘을 살아내는 것만으로도 버거워 이미 떠난 이들까지 생각할 여유가 없을지도 모른다. 하지만 그럴 때일수록, 그토록 고단한 시간조차 간절했던 사람들을 떠올려보는 것은 어떨까. 내일의 해가 뜨는 것을 소망했지만, 끝내 맞이하지 못했던 이들 말이다. 그들에게 하루는 간절히 바라던 생의 기회이자, 기적 같은 선물이었을지도 모른다.

　우리는 그들이 끝내 받지 못한 선물 같은 하루를 대신 살아가고 있다. 그렇다면 오늘이라는 시간은 오로지 자신만의 것은 아닐 것이다. 누군가가 애타게 바랐던 시간의 연장선 위를 걷고 있는 셈이니 말이다. 그러니 그들이 끝내 누리지 못한 삶을 대신 이어간다는 마음으로 세상의 아름다움을 조망해보는 것은 어떨까.

　이를테면, 늘 무심히 지나쳤던 거리의 풍경을 다시 바라보는 일부터 시작할 수 있겠다. 이제는 눈을 감고도 걸을 수 있을 만큼 익숙해져 버린 골목을, 고개를 숙인 채 핸드폰에만 시선을 두지 않고 천천히 둘러보는 것이다. 바람에 흔들리는 나뭇잎과 오래된 벽돌 건물의 틈에 스며든 시간의 흔적을 바라보는 것도 좋다. 그곳에는 먼저 떠난 이들이 보고 싶어 했던 세상의 숨결이 숨어 있을지도 모른다.

　항상 마주쳐 이제는 말을 하지 않아도 어떤 생각을 하는지 알 것

스물다섯,
이유를 묻다

만 같은 사람들에게 다정함을 건넬 수도 있겠다. 부끄럽고 서툴러서 표현하지 못했던 사랑을 넌지시 말해보는 것도 괜찮다. 그 한마디가 실은 누군가의 생 끝자락에서 전하고 싶어 했던 마음이었을 것이기 때문이다.

이처럼 그들이 끝내 다하지 못한 말과 마음을 오늘의 삶으로 이어간다면 희생은 헛되이 사라지지 않고, 우리 각자의 삶 속에서 살아 숨 쉬게 될 것이다. 그러므로 오늘을 살아가는 우리는, 그들의 목소리를 잊지 않고 기억하며, 더욱 의미 있게 하루를 채워야 할 책임이 있다.

어쩌면 그것이 무명(無名)의 존재들이 남긴 침묵 속 메시지일지도 모른다.

한 줌의 흙이 되는 일

유년기에는 부모님의 손에 이끌려 봉사에 참여했다. 억지로 따라나선 봉사활동은 어떠한 재미도 감동도 느껴지지 않았다. 친구들이 놀이터에서 신나게 뛰어놀고 있을 시간 동안 일면식도 없는 어르신들의 말동무가 되는 일은 어색하고 불편하게만 느껴졌다. 머릿속에는 그저 '왜 내가 이걸 하는거지?'라는 생각만 맴돌았고, 시간이 빨리 흘러가기를 바라며 시계만 바라보던 기억이 선명하다.

청소년기에는 스펙을 쌓기 위한 수단, 생활기록부에 적힐 '봉사

스물다섯,
이유를 묻다

시간'이라는 나름의 목적이 생겼다. 그러나 이 시기에도 봉사의 본질적인 의미는 뒷전으로 밀려 있었다. 사춘기의 회의적인 시선도 더해져, 봉사는 점점 진정성을 잃고 형식적인 활동으로만 여겨졌다. 무보수로 일을 한다는 건 머릿속에 뿌리내린 '노력 → 보상'이라는 인과관계 공식에 도저히 맞지 않는 일처럼만 보일 뿐이었다.

한편으로는 늘 궁금했다. 평일 내내 바쁜 일상을 보낸 후에도 주말 아침이면 어김없이 복지센터나 무료 급식소에서 나눔을 실천하는 어른들에게는 도대체 어떤 이유가 있는 것인지. 돈을 받는 것도 아닌데, 그렇게까지 열심히 하시는 까닭은 무엇인지. 오히려 나보다 더 행복해 보이는 미소는 어디에서 비롯된 것인지 알고 싶어졌다. 그런 생각을 안고 작년 이맘때부터 요양 시설의 봉사를 시작했다.

그러나 기대와 달리, 나눔과 베풂의 가치를 절실하게 체감하지는 못했다. 비록 몇 번 가보지 않아서 그런 것일 수 있겠으나, 적어도 생각이 바뀔 기미는 보이지 않았다. 하지만 일 중간중간 짧게 나누는 대화 속에서 묻어나는 따뜻함과 정겨움은 느낄 수 있었다. 그동안 지나치며 맡지 못했던 '사람 사는 냄새'가 무엇인지 미약하게나마 떠올릴 수 있었다.

서로 나이도, 환경도, 사회에서의 역할도 달랐지만, 그 안에서는 어떠한 배경이나 관계와는 무관하게 오직 같은 봉사자라는 이유만으로 존중받을 수 있었다. 그렇게 한마음 한뜻으로 만들어지는 소속감이 포근하게 다가왔다.

한편, 그곳에서는 소싯적 대기업이나 로펌에서 이름을 날리셨던 어르신부터, 온갖 고초를 겪으며 살아온 분들까지 한데 모여 담소를 나누는 모습을 볼 수 있었다. 자신이 과거에 어떤 위치에 있었든, 어떤 일을 했든 간에 그것은 그저 이야깃거리일 뿐, 서로를 가로막는 벽이 되지는 않아 보였다. 그들의 대화 속에는 긴장감이나 경쟁의 흔적보다는, 삶을 담담히 받아들이는 여유와 따스함이 묻어났다. 그런 모습을 지켜보고 있노라면, 결국 길의 방향만 다를 뿐 종래에는 모두 같은 지점에 다다르게 된다는 말이 한층 더 와닿는다.

그런데 다시 일상으로 복귀하면 사뭇 다른 장면을 목도하게 된다. 입시, 취업, 결혼 등 특정한 지점을 목적지로 삼고, 그곳에 도달하기 위해 치열한 레이스를 펼치는 세상을 마주하게 된다. 마치 러닝머신 위에서 떨어지지 않기 위해 끊임없이 속도를 내야만 하는 것처럼 불안에 쫓기며 사는 모습을 발견한다. 참 이상한 일이다. 분명 시간이 더 많은 쪽은 이쪽일 텐데, 더 급하게, 더 허겁지겁 살아가는 것도 이쪽인 게 말이다.

그래서일까, 누군가는 결국 한 줌의 흙으로 돌아갈 인생이 덧없

스물다섯,
이유를 묻다

게 느껴진다고 말한다. 우리가 살아가며 겪는 수많은 노력과 고통, 성공을 향한 분투조차 무의미한 몸부림이라는 회의감을 표출하기도 한다.

물론, 생의 끝이 결국 한 줌의 흙으로 돌아가는 것이라면, 지금 우리에게 펼쳐진 속도전은 덧없게 느껴질 수도 있다. 하지만 봉사활동을 하며 마주한 어르신들과 봉사자분들은 삶의 무상함 속에서도 의미를 만들어냈다. 누군가에게 인정받기 위해서가 아니라, 그저 하루를 함께 살아내는 마음으로 서로를 위했다. 모두가 똑같은 눈높이에서 미소를 주고받는 장면 속에는 계산 없는 진심이 드러났다. 그들의 모습은 말해준다. 삶은 어디로 가는가보다 어떻게 가는가가 더 중요하다고. 종래에 흙이 될지언정, 어떤 흙이 될지는 자신의 몫이라고.

그래서 생각해 본다. 기왕 흙이 된다면 척박한 동토가 아닌 영양소가 풍부한 옥토(沃土)가 되는 것은 어떨까. 타인의 삶에 햇살 같은 흔적을 남기고, 새로운 싹이 자라나기 위한 자양분이 되는 것이다. 그렇게 생각해본다면, 삶의 과정을 다르게 조명해볼 수 있을지도 모른다.

예를 들어, 자신을 짓누르는 고뇌와 삶의 무게는 토양에 가해지는 열과 압력으로 이해할 수 있을 것이다. 그러한 것들이 흙을 단단하게 빚어내듯, 우리 역시 삶의 무게 속에서 천천히 견고해지고, 굳건한 모습으로 거듭나고 있을 것이다.

또한, 우리가 걸어온 자취와 경험은 흙에 스며드는 거름이 되어, 새롭게 움트는 존재에게 자양분을 줄 것이다. 영양소를 머금은 새싹은 하늘을 향해 뻗어가며, 푸르고 울창한 나무로 자라날 것이다. 그렇게 바라본다면, 흙으로 돌아가는 과정마저도 무의미한 소멸이 아니라, 누군가의 시작을 담은 여정일 것이다.

물론 어떤 이는 이렇게 말할지도 모른다. "나는 나만 잘 살면 됐지, 후세대를 위해 희생할 생각은 없다"고 말이다. 하지만 곰곰이 떠올려 보면, 우리 역시 누군가의 삶에서 파생된 유기물을 먹고 자라난 존재일 것이다. 오늘날 우리가 누리고 있는 편안함은 앞선 이들이 흘린 피와 땀의 산물이기 때문이다.

결국 우리는 모두 누군가의 내일을 위한 땅이 될 것이다. 다만 어떤 흙이 될지를 고민하며 하루를 채워간다면, 그 삶은 끝이 아니라, 이어지는 생의 시작을 품을 것이다.

내가 남긴 밑거름 위에 자라날 꽃을 기대하며, 언젠가 피어날 향기 속에 나의 온기가 스며들기를 바란다.

스물다섯,
이유를 묻다

내일을 위한 오늘

고민과 상념이 머릿속을 가득 메울 때는 아주 먼 미래에서 현시점을 바라보려고 한다. 마치 구름 위에서 지상을 내려다보는 것처럼, 자신을 구속하는 문제들이 실은 한낱 작은 굴곡일 뿐이라는 사실을 스스로 일깨우려고 한다.

예를 들어, 특정 인물과 갈등이 생기거나 열심히 준비한 시험에서 원하는 점수를 받지 못했을 때, 혹은 불확실한 미래로 불안해질 때, 그것이 한동안은 머릿속을 떠나지 않을 수 있다. 그러나 30년, 40년 후의 나는 그 일을 흐릿한 기억 속의 작은 장면으로만 떠올릴지도 모른다. 아니면 그런 일이 있었다는 사실조차 잊은 채 살아가고 있을지도 모르겠다.

이처럼 거시적인 시간의 범주에서 현재를 조망하면, 당장엔 커다랗게 느껴지는 문제들도 작은 점으로 축소된다. 거대한 풍경 속에서 작은 돌멩이 하나를 보는 것처럼 말이다. 한때 그 돌멩이가 나를 넘어뜨린 돌부리였을지언정, 지나고 보면 그저 길 위에 놓여 있었던 수많은 돌 중 하나였음을 알게 되는 것이다. 그러한 시각은 오늘의 실패에 작은 위안을 가져다준다. 아픔을 덜어주고, 삶의 흐름 속에서 그 의미를 다시 배치할 수 있도록 돕는다.

그러나 그것이 언제까지나 유효한 만병통치약은 아닐 것이다. 모든 사건을 '시간이 해결해 줄 것'이라며 덮어두기 시작하면, 어느 순간 삶 자체가 무의미하게 느껴지는 허무주의에 빠질 위험이 있기 때문이다.

가령, 그렇게 치열하게 살아온 하루가 결국엔 먼지처럼 흩어질 별것 아닌 시간이라면, 우리는 무엇을 위해 애쓰며 살아가는 걸까 하는 회의감이 고개를 들 수 있다. 지키고자 했던 가치와 신념, 우리가 향유 했던 문화가 시간이 흐른 뒤 구시대의 흔적으로만 남게 된다면, 그것은 과연 어떤 의미를 지닐 수 있을까 하는 의구심이 깊어질지도 모른다. 그렇기에 멀리 내다보는 통찰과 눈앞의 현실에 집중하는 태도 사이를 유연하게 오가며, 삶을 균형 있게 바라

스물다섯,
이유를 묻다

보는 것이 필요하다.

또한, 미래를 그려 나가는 과정에서 현재를 잃어버리는 실수를 범하지 않아야 한다. 많은 사람은 '더 나은 내일'을 위한다는 명목으로 오늘을 소모한다. 자격증 하나, 시험 하나를 위해 몸을 갈아 넣는 일이 부지기수다. 그것이 삶의 지평을 넓히고, 통장에 찍히는 숫자를 늘려줄 것이라 믿으며 말이다. 하지만 숫자로 환산되는 결과와는 별개로, 오늘을 살아내는 태도와 그 안에 담긴 진심 어린 노력이 어떤 가치를 가지는지 곱씹어 볼 필요가 있다.

우리는 종종 '현재의 나'와 '시간이 지난 후의 나'를 전혀 다른 존재처럼 여긴다. 마치 지금의 고통과 인내는 모두 앞날을 위한 투자이며, 그 미래가 도래했을 때에야 비로소 현재의 삶이 정당화된다고 믿는다. 그러나 실상은 그 반대다. 오늘을 살아가는 방식이 곧 다가올 날들을 빚어내기 때문이다. 따라서 지금을 외면한 채 막연한 기대만으로 미래를 그려간다면, 그 끝은 결국 허공에 그린 그림처럼 흩어질지도 모른다.

물론, 타인은 산출된 결과 값을 바탕으로 우리의 삶을 평가할 수 있다. 결과는 한 사람이 걸어온 궤적을 가장 명확히 보여주는 증거이며, 노력의 양을 가늠할 수 있는 유의미한 지표라는 점은 부정할 수 없다.

그러나 혹평에 대한 두려움 때문에 타인의 잣대에 자신을 억지로 끼워 맞춰서는 안 될 것이다. 그것은 곧 내 인생이라는 항로를 타인의 나침반으로 항해하는 것과 다르지 않다. 정작 내가 어디로 가고 싶은지는 묻지 않은 채 사회가 통상적으로 옳다는 방향만을 좇다 보면, 그 길의 끝에서조차 나 자신을 만나지 못한 채 방황하게 될지도 모른다.

결국, 미래를 제대로 그려간다는 것은 지금 이 순간을 깊이 들여다보는 데에서 시작된다. 그러니 더 이상 오늘을 소외시키지 말자. 오늘을 살아내는 방식이 곧 내일을 빚어가는 일임을 기억하자.

'오늘을 위한 오늘'을 살아가는 일, 그것이야말로 진정으로 내일을 위한 삶일 것이다.

스물다섯,
이유를 묻다

특별하다는 착각

 어렸을 적엔 내가 세상의 주인공인 줄 알았다. 그 시절의 나는 특별한 무언가를 하지 않아도 사랑받는 존재였다. 음식이 맛있어서 식판을 비웠을 뿐인데 부모님은 기특하다며 머리를 쓰다듬어주셨고, 일기장에 몇 줄만 끄적여도 선생님은 칭찬 도장으로 노트를 채워주셨다. 실수를 해도 귀엽게 봐주셨고, 다음에는 잘할 수 있을 거라는 응원이 돌아왔다.
 그렇게 작은 성취에도 사랑과 인정을 받으며 자신이 특별하다고 믿기 시작했다. 세상의 스포트라이트가 나에게 쏟아지고 있다고 생각했고, 마치 거대한 서사의 주인공이 된 듯 미래에 대한 공상을 펼치기도 했다. 그래서였을까. 언젠가 삶에 역경이 닥쳐오더라도 결국에는 모든 것을 극복해낼 거라는 막연한 자신감이 솟아났다. 재난 영화 속 주인공처럼, 디스토피아 소설의 인물처럼, 반드시 살아남고, 빛날 거라는 확신이 자리 잡았다.

하지만 시간이 흘러갈수록, 그 자신감의 뿌리는 조금씩 흔들리기 시작했다. 나보다 유능한 사람들, 더 많은 후광을 받는 이들을 보며 그동안 품어왔던 특별함이 착각이었음을 깨닫게 된다. 점점 작아지는 자신을 마주하며 마음 한 곳엔 초라한 감정이 일렁인다.

그러다 문득 궁금해진다. 나는 세상의 온전한 주연도, 의미 있는 조연도 아닌, 그저 배경에 머무는 엑스트라일 뿐인데 왜 어른들은 나를 착각하도록 만든 것일까? 어차피 언젠가는 진실을 알게 될 터인데, 그 믿음이 대체 무슨 의미가 있었을까? 어른들의 행동에 담긴 메시지를 곱씹어 보지만 정답을 내리기는 쉽지 않다.

하지만 내가 주인공이 아니라는 사실을 자각한 이후에도, 나를 여전히 빛나는 존재로 바라봐주는 이들이 있었다. 내가 미처 발견하지 못한 가능성을 먼저 알아봐 주고, 묵묵히 믿어준 사람들이 있었다.

그 대가 없는 사랑의 의미를 온전히 헤아릴 수는 없지만, 적어도 그들이 만들어준 착각 덕분에 나는 한때라도 세상의 주역으로

스물다섯,
이유를 묻다

살아갈 수 있었다. 사실과 무관할지언정 그 믿음 안에서 반짝일 수 있었다. 그렇다면 결국, '내가 특별하다'는 자각은 착각일 수 있으나 그 믿음을 품어준 마음만큼은 정말로 특별한 것이었을지도 모른다.

그래서 가끔은 생각해본다. 그렇게 만들어진 착각이라면, 그 환상에 다시 빠져보아도 괜찮지 않을까 하고 말이다. 물론, 언제까지나 망상 속에 머물러 있을 수는 없다. 세상은 늘 냉정하고, 우리는 비교와 평가 속에서 끊임없이 자신의 가치를 증명하며 살아가야 한다. 그런 현실 앞에서 스스로를 미화하거나 잠깐의 위안을 진실처럼 붙잡는 일은 어쩌면 유치하거나, 어리석은 일로 여겨질지도 모른다.

그러나 때로는 확실한 진실보다도 근거 없는 따뜻함이 더 절실한 순간이 있다. 차가운 현실보다, 이유 없는 다정함이 더 필요할 때가 있다. 그 온기는 아무리 덧없어 보여도 어떤 날엔 하루를 버틸 수 있는 유일한 힘이 되기도 한다. 그러니 잠시쯤은, 특별한 존재라는 착각 속에서 위로받아도 좋지 않을까.

그리고 그 마음을 다시 돌려주는 것은 어떨까. 당신들이 나를 특별하게 만들어주었듯, 나 역시 그네들을 특별하게 만들어주는 것이다. 그렇게 한다면 우리는 세상이라는 무대에서 주인공은 아닐지라도, 서로에게만큼은 유일무이한 존재가 될 수 있을 것이다.

결국 우리는 세상 속 단역일 수도 있고, 배경처럼 스쳐 지나가는 이름 없는 존재일 수도 있다. 누군가의 시선에는 영영 잡히지 않을 수도 있고, 한 줄의 대사조차 주어지지 않을 수도 있다. 하지만 그런 우리조차, 누군가에게는 결코 지워지지 않는 장면의 중심에 있을 수 있다.

'특별하다'는 감각은 세상이 붙여주는 타이틀이 아니다. 누가 더 앞에 섰는지, 얼마나 큰 성취를 이뤘는지로 결정되는 영예도 아니다. 그것은 누군가의 마음 속에서, 관계의 틈 사이에서 조용히 태어나는 감정이다. 사랑받고, 기억되고, 믿어졌던 순간들 속에서 피어나는 마음의 꽃이다. 그 따스함이 살아있는 한 말할 수 있을 것이다.

특별하다는 착각, 그것은 착각이 아닐지도 모른다고.

스물다섯,
이유를 묻다

꺼지지 않는 불씨

 작년 이맘부터 주말 아침마다 가는 카페가 생겼다. 인테리어가 특별히 감각적이거나 커피 맛이 탁월한 것도 아니었지만, 묘하게 마음이 편안해져 관성처럼 방문하기 시작한 곳이었다. 사람들의 잔잔한 대화 소리, 우유 거품을 내는 머신의 진동, 창가를 스치는 햇살이 적당히 소란스러우면서도 따뜻하게 느껴졌기 때문인 것 같기도 하다.

 그날도 여느 때와 다름없이 왼쪽 코너 자리에 가방을 내려두고는 커피를 주문하러 카운터로 향했다. 원두는 늘 그랬듯 '에티오

피아 예가체프를' 고른다. 별다른 이유는 없다. 단지 이름이 고급져 보여서 한 번 시켜봤던 게 쭉 이어지고 있을 뿐이었다. 가끔 콜롬비아 무슨무슨 같은 원두가 어떤 맛일지 궁금하기도 하나, 결국엔 익숙함을 따라가게 된다. 과감한 시도보다는 안전한 선택지를 고르는 성향이 고작 커피 한 잔을 고를 때도 은근히 드러나는 걸 보면, 웃기기도 하다.

잠시 후, 얼음을 띄운 투명한 컵에 커피가 담겨 나왔다. 한 모금 들이키자 씁싸래한 맛이 입 안을 부드럽게 감쌌다. 그런데 커피가 목을 타고 위장으로 내려가는 순간, 예사롭지 않은 감각이 스쳤다. 처음엔 빈속에 커피를 마셔서 그런가 싶었다. 가끔 그런 날도 있으니까. 하지만 통증이 가라앉을 기미가 보이지 않아 병원을 찾았고, 위염 진단을 받았다. 때마침 도파민 디톡스의 일환으로 금연을 하고 있었기에, 겸사겸사 카페인도 끊을 겸 인근의 시립도서관으로 발걸음을 옮겼다.

도서관 벽면을 따라 빼곡이 들어선 책장 사이로는 퀴퀴한 먼지 냄새가 배어 나왔고, 낡은 종이 특유의 건조한 향이 코끝을 간질였다. 작은 창문 틈새로 햇살은 거의 들지 않았으며, 누렇게 바랜 형광등 불빛만이 공간을 어슴푸레 밝히고 있었다. 카페처럼 배경음악이나 사람들의 대화 소리는 들을 수 없었고, 그 대신 책장 넘기는 소리, 볼펜이 종이를 긁는 소리, 가끔 누군가 목을 가다듬는

스물다섯,
이유를 묻다

소리만이 또렷이 들렸다. 그 정적은 처음엔 숨을 억누르는 듯 답답하게 느껴졌지만, 일주일쯤 지나자 점점 익숙해졌고, 주변을 둘러볼 여유도 생겼다.

한쪽에는 방학을 맞은 학생들이 삼삼오오 모여 공부를 하고 있었다. 옆자리 친구와 쑥덕이며 뭐가 그렇게 재미있는지, 새어 나오는 웃음을 참느라 급급한 모습이 귀엽게 보였다.

반대편의 분위기는 사뭇 달랐다. 그곳은 퇴근 시간이 가까워질 무렵이면 아버지뻘 되시는 분들이 자리를 채워나갔다. 그들은 무딘 손끝으로 서툴게 타이핑을 치셨고, 글씨가 잘 보이지 않는지 돋보기를 꺼내 쓰고 화면을 가까이 들여다보기도 하셨다. 그 모습에는 가족을 책임져온 가장의 무게가 오롯이 담겨 있었고, 연륜이 느껴졌다. 그러나 이상하게도, 그 안에는 막연한 미래 앞에 우두커니 선 수험생의 모습이 겹쳐 보이기도 했다.

혹자는 그런 모습을 보고 공부에도 때가 있다며, 젊었을 때 했어야지 왜 이제야 하느냐고 비아냥거리기도 한다. 그러나 하루가 다르게 변화하는 세상 속에서, 인생의 처음부터 끝까지 완벽히 설계하고 대비할 수 있는 사람이 과연 얼마나 있을까. 더욱이 저마다의 사연과 맥락을 들여다볼 생각조차 없이, 그저 같은 잣대로 묶어버리고 그들의 투지를 깎아내리는 태도는 참으로 좁은 식견이 아닐 수 없다.

어떤 이유로 이 자리에 왔든, 무슨 목표를 품고 있든, 중요한 것은 자신의 삶을 바꾸기 위해 묵묵히 애쓰고 있다는 사실일 것이다. 그 열의는 자체로 존중받아 마땅하다.

오히려 그들의 눈빛 속에서는 꺼지지 않는 무언의 불씨가 여전히 타오르고 있었다. 비록 더딘 걸음일지라도 자신만의 속도로 한 발 한 발 나아가려는 의지에는 깊고 단단한 진정성이 깃들어 있었다. 익숙하지 않은 학습 도구나 낯선 환경에 적응하느라 어려움을 겪는 모습도 보였지만, 오히려 그런 순간조차 끈기를 돋보이게 할 뿐이었다.

물론, 모두가 합격의 영예를 누리는 것은 아니다. 몇 달, 어쩌면 몇 년을 달려온 시간이 철저히 외면당할 수도 있다. 그 모든 과정 속에서 흘렸던 땀방울과 눈물은 누구의 시선에도 닿지 못한 채, 조용히 증발해버릴지도 모른다.

특히 늦은 나이에 레이스에 뛰어든 슬로우 스타터에게 그 벽은 더욱 높고 거칠게 느껴진다. 체력은 예전 같지 않고, 기억은 흐릿해지며, 주변의 시선은 은근한 회의로 다가온다. 한 번 넘어진다면 다시 일어설 수 없을 것 같은 불안함이 발끝까지 내려앉는다.

그러나 아직 게임은 끝나지 않았다. 출발이 조금 늦었을 뿐, 결승선을 향한 여정은 현재 진행형이다. 또한, 끝까지 얼마나 남았는지는 누구도 알 수 없다. 무엇보다도 이들에겐 빠른 속도나 젊

스물다섯,
이유를 묻다

음의 패기는 부족할지 모르지만, 세월이 빚어낸 관록과 버텨내는 끈기가 있다. 역전의 순간을 기다리며 묵묵히 비기를 갈고닦는다면, 언젠가 눈빛 속에서 조용히 타오르던 그 불씨는 누구보다도 환하고 뜨겁게 빛날 것이다.

새로운 길을 걷기 시작하는 과정에서는 늘 불확실함과 불안이 따라붙는다. 지금 가는 길이 과연 옳은지, 이미 너무 늦은 건 아닌지 하는 의심이 고개를 든다. 특히 모든 것이 낯설고 앞이 잘 보이지 않을 때일수록 사람은 흔들리기 마련이고, 타인의 속도나 방향과 비교하며 스스로를 점점 작게 만들기도 한다.

하지만 선택의 이유나 시작의 시점은 본질적으로 중요하지 않을지도 모른다. 누구보다 먼저 시작했다고 해서 반드시 먼저 도착하는 것도 아니고, 늦게 출발했다고 해서 완주하지 못하는 것도 아니기 때문이다.

지금은 내 인생에서 가장 이른 출발점이다. 수없이 미뤘던 결심, 외면했던 가능성에 다시 손을 뻗는 이 순간이, 내게 허락된 가장 빠르고 진심 어린 시작이기 때문이다. 그러니 지금이라도 시작할 수 있다면, 그것은 늦은 것이 아닐 것이다.

당신의 불씨는 여전히 타오르고 있다.

꿈의 거리, 이상과 현실의 차이

목표를 향해 무호흡으로 달려오다 숨이 턱 끝까지 차오르는 순간이 오면, 그 자리에 잠시 멈춰 선다. 깊게 심호흡하며, 지나온 길을 천천히 돌아본다. 오르는 동안에 미처 보지 못했던 전경이 눈에 들어오고, '그래도 많이 해냈구나' 싶은 마음에 자신에게 수고의 덕담을 건넨다.

숨을 어느 정도 돌리고 나면, 다시 올라갈 채비를 한다. 하지만 정상까지는 여전히 까마득하다. 땀에 젖은 셔츠는 무겁게 느껴지고, 신발 밑창에 묻은 진흙 때문에 한 걸음 떼는 것조차 쉽지 않다.

스물다섯,
이유를 묻다

그러는 사이, 의구심이 천천히 마음에 스며들기 시작한다. 처음에는 '정말 이게 맞는 길일까?' 하는 아주 작은 균열에 불과했지만, 그 틈을 비집고 수많은 생각들이 피어오른다.

혹시 닿을 수 없는 이상향을 좇고 있는 건 아닐까 하는 기분이 든다. 끊임없이 꼭대기만 바라보며 달려왔지만, 정작 그 정상이 실재하는지조차 확인해보지 못했다는 사실에 허탈해진다. 그렇게 올라가는 데에만 몰두한 사이, 호기롭게 출발하던 순간의 배포와 아량은 어느새 자취를 감추고, 또렷하게 빛나던 꿈은 안개처럼 흐려진다.

그제야 비로소 거울 속에 비친 자신의 모습이 눈에 들어온다. 초췌하게 꺼진 눈동자, 생기가 빠져나간 얼굴, 경직된 안면 근육. 정말 이 모습이, 내가 그리던 나였을까. 내가 그토록 원했던 것은 대체 무엇이었을까. 그리고 지금 서 있는 이 길은, 과연 그 꿈과 여전히 이어져 있는 걸까. 그렇다고 믿기엔, 두 세계 사이에 놓인 괴리가 너무도 크고 깊어 보인다.

이처럼 이상과 현실 사이의 괴리가 발생할 때, 앞으로 나아갈 동력은 조금씩 꺼져간다. 아무리 발버둥 쳐도 결국에는 신기루일 것이라는 결론에 도달하고, 묘한 체념이 마음을 잠식해간다. 목표는 무의미한 허상처럼 다가오고, 스스로에게 동기를 부여하는 일도, 자신을 믿는 일도 점점 어려워진다. 눈앞의 길은 여전히 이어져 있지만, 걸어야 할 이유는 사라진다.

그러나 괴리에서 비롯된 불확실성이 반드시 삶의 의미를 박탈하는 것은 아니다. 오히려 그것은, 생의 이유를 되묻게 만들고 활력을 불어줄지도 모르기 때문이다.

과정과 결과의 간극이 좁으면, 우리는 그 결말을 너무도 쉽게 예상할 수 있다. 마치 각본을 따라 움직이는 배우가 다음 장면의 대사를 이미 알고 있는 것처럼 말이다. 이러한 예측 가능성은 심리적인 안정을 가져다준다. 앞날에 대한 막연한 두려움을 덜어주고, 불확실한 미래 앞에서 마주하는 감정의 소용돌이를 잠재워준다. 그런 삶은 평온하고, 조용하며, 크게 흔들리지 않는다.

하지만 과연 그 편안함이 생의 충만함까지 보장해줄 수 있을까? 매번 정해진 답을 알고 푸는 문제처럼 하루하루가 반복되고, 결과가 정해진 삶 속에서 놀라고, 배우고, 감동할 여지가 남아 있을지는 의문이다.

반면, 이상과 현실 사이의 공백이 존재할 때 그 사이엔 수많은 가능 세계가 펼쳐진다. 일상에 역동성을 가져다주고, 우연이라는 이름 아래 예상치 못한 기쁨을 선사해 준다. 결국, 여백이 있기에 인생은 단조로운 반복이 아닌 탐험일 것이다.

따라서 이상과 현실 사이의 간극은 두려움으로 가득한 미지의 영역이 아니라, 자유롭게 채워나갈 수 있는 도화지에 가깝다. 그

스물다섯,
이유를 묻다

곳에서 우리는 더 넓은 상상력을 펼칠 수 있고, 고정된 미래가 아닌 유연한 방향을 그려갈 수 있다. 때로는 어설픈 붓질에 얼룩이 남기도 하겠지만, 그조차도 오롯이 나만의 서사가 될 것이다. 그러니 그 모호함을 겁낼 필요는 없다. 오히려 남겨진 빈칸은 숨 쉴 틈을 만들어주고, 빛이 스며드는 통로가 되어줄 테니 말이다.

결국, 꿈과 오늘의 괴리는 나를 어둠으로 떨어트리는 균열이 아니라, 우리가 어떤 모습으로 살아가고 싶은지를 끊임없이 되묻게 만드는 질문이다. 목표를 향해 달리는 것에 매몰된 순간 멈춰 서서 숨을 고르게 하고, 삶의 궤도를 재설정할 수 있게 해주는 이정표다.

어쩌면 우리가 그토록 찾아 헤매던 답이 그 속에 숨어 있을지도 모른다.

죽음의 빛

삶은 늘 원하는 대로 풀리지만은 않는다. 계획했던 일들이 틀어지고, 공들여 쌓아 올린 것들이 한순간에 무너져내리기도 한다. 때로는 최선이라 생각했던 판단이 후회로 되돌아오고, 믿고 의지했던 사람에게 상처받기도 한다. 그러다 보면 모든 것을 놓아버리고 싶어지고, 어디든 멀리 떠나고 싶은 마음이 든다. 그런데 이상하게도, 그런 순간에 불쑥 뜻하지 않은 기회가 찾아온다.

그것은 마치 지금까지 겪었던 숱한 고생에 대한 보상처럼 보이며, 인생에 두 번은 없을 찬스처럼 다가온다. 수많은 인내와 고통

스물다섯,
이유를 묻다

끝에 마주한 찰나의 빛은, 그 자체만으로도 설레게 하고, 모든 것을 바꿀 수 있다는 환상을 심어주기 마련이다. 그러니 그 가능성에 덥석 뛰어들고 싶어지는 건 어쩌면 당연한 일일지도 모른다.

하지만 무턱대고 손을 내미는 순간, 예상치 못한 수렁에 빠질 수도 있다. 구원처럼 느껴졌던 빛나는 기회가 실은, 어둠으로 끌어내리는 함정이었을 수도 있기 때문이다. 이러한 유혹은 '죽음의 빛'과도 같다.

'죽음의 빛'은 겉보기에 매혹적으로 보이지만, 그것을 맹목적으로 따라가는 순간 되돌릴 수 없는 파멸에 이르게 한다. 이는 여름날 밤, 밝은 전등에 몰려드는 날벌레를 연상케 한다. 이 작은 생명체는 본래 달빛이나 별빛 같은 자연광을 기준 삼아 방향을 조절하는 본능을 지니고 있다.

그러나 가로등 같은 인공광원은 그들의 방향 감각을 교란한다. 원래는 달빛을 기준으로 날아야 하지만, 인공광을 달빛으로 착각한 채 반응하게 되는 것이다. 그렇게 빛을 따라 일정한 각도를 유지하려다 보니 자연스럽게 그 주위를 맴돌게 되고, 점점 더 가까이, 더 가까이 날아들다 보면, 어느새 열기에 몸이 그을리고 만다. 결국 빛은 생존을 위한 나침반이 아니라, 생명을 앗아가는 착시가 된다.

비슷한 장면이 깊은 바다에서도 포착된다. 일부 심해어는 머리

끝에 달린 작은 발광기관을 이용해 먹이를 유인한다. 칠흑같은 어둠 속에서 유일한 불빛은 더욱 강렬하고 선명하게 빛난다. 작은 물고기나 갑각류들은 본능적으로 그 등불에 이끌려 다가간다. 그러나 그들이 마주하게 되는 것은 포식자의 날카로운 이빨일 뿐이다. 이와 같은 자연 속 사례들은, 빛이 반드시 생명을 구원하거나 희망을 상징하지는 않을 수도 있음을 시사한다.

그런데 이는 비단 자연물에만 국한되지 않는다. 인간 사회에서도 성공, 명예, 부와 같은 눈부신 목표들은 시선을 사로잡는다. 사람들은 소위 말하는 '잘 사는 삶', '인정받는 인생'이라는 타이틀을 얻기 위해 끊임없이 달리고, 비교하고, 스스로를 증명하려 애쓴다. 목표에 대한 열망이 클수록, 더 빠르게, 더 강하게 빛나는 무언가를 좇으려 한다. 그러나 그 길을 무분별하게 따라가다 보면, 오히려 더 근본적이고 소중한 것들을 잃어버리기 일쑤다.

대게 성공이라는 빛을 향해 달리는 동안에는 시간과 건강을 갈아 넣는다. 그 과정에서 사랑하는 사람과 함께 보내는 따뜻한 순간, 몸과 마음의 균형, 사소하지만 소중했던 일상의 평온함은 점점 뒷전으로 밀려난다.

그럼에도 목적지까지는 여전히 요원하게만 느껴진다. 더 빨리 도달해야 한다는 조급함에, 다소 위험할 수 있는 제안도 망설임 없이 받아들인다. 주변에서 건네는 우려나 만류는 더 이상 귀에

스물다섯,
이유를 묻다

들어오지 않는다.

　미래의 찬란함에 도취해버리고 만 상태는 아편에 중독된 모습과 유사하다. 그렇게 무엇을 잃어가는지조차 자각하지 못한 채, 환상 속으로 깊이 빠져든다.

　그러다 어느 순간 빛의 이면에 드리워진 그림자를 마주한다. 환한 껍데기 아래 숨어 있던 진짜 얼굴은, 더 이상 감출 수 없는 짙은 암흑이다. 그러나 이미 때는 늦었다. 돌아가기엔 너무 멀리 와버렸고, 잃어버린 것들은 다시는 되찾을 수 없게 되어버렸다. 그제야 비로소 깨닫는다. 자신이 좇았던 것은 빛을 흉내 낸 환영이었다는 것을. 모두가 부러워할 만한 삶을 광고하던 이들은 위장된 덫을 갖다 놓았고, 나는 그것에 보기 좋게 걸려들어 삶을 통째로 잃어버렸을 뿐이라는 것을 말이다.

　이처럼 '죽음의 빛'은 본질적인 위험을 감춘 채 우리를 조용히 끌어당긴다. 따라서 빛은 언제나 구원이나 희망을 상징하지 않으며, 깊은 어둠 속에서 반짝일수록 위험을 감춘 올가미일 수 있음을 기억해야 한다. 그 빛을 맹신하여 따라간다면, 어느새 발을 뺄 수 없는 깊은 수렁에 빠지게 될지도 모른다.

　물론, 유혹을 구분해내는 일은 쉽지 않다. 어둠 속에 오래 머문 이에게 빛은, 단 하나의 가능성처럼 보이기 때문이다. 불확실성 속에서 방황할수록 사람은 점점 판단력이 흐려지고, 신경은 날이 서며, 마음은 조급해진다. 한 걸음씩 내딛을 때마다 땅이 꺼지지는 않을까 불안에 휩싸이게 된다. 그때 문득 눈앞에 드리운 한 줄기 빛깔은, 마치 모든 것을 밝혀줄 진실의 등불처럼 느껴진다.

　혹자는 그런 상황에서 아무도 그 휘황찬란함을 거절할 수 없을 것이라고 주장한다. 당신도 나와 같은 입장이었다면, 똑같은 선택을 했을 것이라고 단언한다.

　물론 본능에 따라 전등으로 달려드는 벌레처럼, 우리 역시 반사적으로 손을 뻗게 되는 순간이 있을 수 있다. 하지만 잊지 말아야 한다. 본능이 가리키는 방향이 언제나 옳은 길은 아니라는 것을. 그 광휘가 무엇인지도 모른 채 뛰어든다면 다시는 돌아올 수 없을지도 모른다는 것을 말이다.

　그러므로 앞으로 나아가기 전, 잠시 멈춰 서야 한다. 눈 앞에 펼쳐진 밝음이 어디서 비롯된 것인지, 그 뒤에는 무엇이 숨어 있는지 곰곰이 들여다보아야 한다. 너무 강렬해 오히려 시야를 흐리게 하지는 않는지 자문해야한다.

　그렇게 성찰을 거쳐야만, 이끌리는 대로 흐르는 삶이 아니라, 스스로 방향을 선택하는 삶을 살 수 있을 것이다. 빛은 우리가 따라가야 할 목적지가 아니라, 걸어가야 할 길을 밝혀주는 하나의 등불이 되어야 함을 기억해야 한다.

　죽음의 빛은 삶의 길목마다 우리를 시험하듯 나타난다. 그것은

스물다섯,
이유를 묻다

오랜 어둠에서 자신을 끌어 올려줄 동아줄처럼 보인다. 외롭고 지친 시간 끝에 마주한 광명이기에, 그 찬란함 속에서 모든 고통이 보상받을 것만 같은 기대를 품게 된다. 하지만 눈부심의 이면에는, 미처 인식하지 못한 덫이 조용히 도사리고 있을지도 모른다.

그래서 우리는 늘 되묻고, 또 의심해야 한다. 지금 나를 이끄는 저 불빛은 정말 나를 살릴 것인가, 아니면 삼켜버릴 것인가. 그것을 꿰뚫어볼 수 있는 통찰과, 눈앞의 안락함을 거절하고서라도 올바른 길을 선택할 수 있는 용기. 이 두 가지야말로, 우리가 어떤 삶을 살아갈 것인지를 결정짓는 가장 깊고 근본적인 열쇠가 될 것이다.

모든 어둠을 지나, 마침내 진실된 빛 아래에서 구원에 닿기를 바란다.

임병준 지음

스물다섯, 이유를 묻다

인쇄 2025년 8월 05일
발행 2025년 8월 20일

지은이 임병준
발행인 서정환
펴낸곳 신아출판사
주소 서울시 종로구 삼일대로 32길 36(익선동 30-6 운현신화타워) 305호
전화 (02) 3675-3885
팩스 (063) 274-3131
이메일 sina321@hanmail.net
출판등록 제465-1984-000004호
인쇄·제본 신아문예사

저작권자 ⓒ 2025, 임병준
이 책의 저작권은 저자에게 있습니다. 서면에 의한 저자의 허락없이 내용의 일부를 인용하거나 발췌하는 것을 금합니다.
COPYRIGHT ⓒ 2025, by LimByeongjun
All right reserved including the rights of reproduction in whole or in part in any form.
저자와 협의, 인지는 생략합니다.
잘못된 책은 바꿔 드립니다.

ISBN 979-11-94595-92-2 (03810)
값 15,000원

Printed in KOREA